Anna Wölfle

Schwäbische Spezialitäten

KOMPASS Küchenschätze

Ein Wort zuvor

Wer an Schwaben denkt, denkt vielleicht zuerst an das „Schwäbische Meer“ – den Bodensee, mit seinen berühmten Orten wie Lindau, Friedrichshafen oder an die traditionsreichen Städte wie Stuttgart, Tübingen, Heilbronn oder Ulm. Die Vielfalt der Landschaft mit ihren bewaldeten Höhenzügen, romantischen Tälern sowie Flüssen und die Architektur der Gotik oder des Barock begeistern genauso wie die vielfältigen Gerichte der schwäbischen Küche. Sie vereinigt Spezialitäten aus verschiedenen Regionen. Die Kochkunst zeigt aber auch eine enge Verwandtschaft zur benachbarten Schweiz oder zum angrenzenden Bayern. Der trockene, kernige Wein genießt unter Kennern den Ruf eines besonders edlen Tropfens. Die vielen gemütlichen Dorfgaststätten, kleinen Wirtshäuser oder Spezialitätenrestaurants bieten zum Wein zahlreiche, landestypische Speisen. So gehört ein saftiger Zwiebel- oder Krautkuchen genauso dazu, wie eine herzhafte „Veschper“ mit Brot und schmackhafter Wurst. Neben den gehaltvollen Suppen oder den leckeren Fleischgerichten wird im Schwäbischen auch gerne heimischer Fisch verzehrt. Forellen und Seefelchen sind beliebt. Allem voran stehen „Spätzle“ und „Maultaschen“ – die weit über die Landesgrenzen hinaus bekannten und beliebten Nudelkreationen. Neben Pikantem hat aber auch Süßes einen hohen Stellenwert. Dieses Buch bietet Ihnen eine breite Palette von Spezialitäten mit variantenreichen Rezept-Vorschlägen einer bodenständigen Küche. Auf den nachfolgenden Seiten werden die landestypischen Gerichte kurz erklärt. Daran anschließend dient ein kleines „Küchenlexikon“ als Sprachführer durch das Land, mit den geläufigen schwäbischen Bezeichnungen aus dem Küchen- und Gastronomiebereich. So wird es Ihnen sicher leicht fallen, die „schwäbischen Spezialitäten“ kennenzulernen und mit Freude nachzukochen. Dabei wünsche ich Ihnen stets gutes Gelingen.

Ihre

Anna Wölfle

Inhalt

Seite

Die besonderen schwäbischen Spezialitäten

Die traditionsreiche schwäbische Küche bietet eine Vielzahl von bodenständigen, teils recht aufwendigen, aber auch einfachen Gerichten. Neben den wichtigen Hauptspeisen mit Bratenfleisch und den beliebten Spätzle sind auch die **„Veschpern"** (Brotzeiten) als vormittägliche Zwischenmahlzeit oder zum Abendessen beliebt. Ein ofenfrischer Zwiebelkuchen oder ein **„Käsehäckerle"** passen vorzüglich zu einem guten Wein oder kühlen Bier. Natürlich gehört auch ein herzhaftes Brot oder die beliebte **„Laugenbrezel"** dazu - ein Hefegebäck, das vor dem Backen in Natronlauge getaucht und mit grobem Salz bestreut wird. Zum Mittag gibt's vorab eine der gehaltvollen **Suppen.** Die wohl bekanntesten sind die „Flädle"-Suppe (Pfannkuchensuppe), die „Riebele"-Suppe und der „Gaisberger Marsch", ein Eintopfgericht mit typischer Zutatenkombination (Rindfleisch, Kartoffeln, Spätzle, Zwiebeln). Bäche und Flüsse liefern eine Vielzahl von Süßwasser-**Fischen**. Im Schwäbischen kennt und schätzt man Hecht, Zander, Forelle, Saibling und die Felchen aus dem Bodensee, die in den Uferregionen stets fangfrisch angeboten werden.

Schwaben ist aber auch das Land guter **Würste** mit einer erstaunlichen Sortenvielfalt. Am beliebtesten sind wohl die „Saitenwürstle" - eine Art Wiener Würstchen, jedoch länger und etwas dicker. Daneben kennt und schätzt man die „Landjäger", rote und schwarze „Würscht" (Brühwürste, Blutwürste) sowie Geräuchertes. Würste werden häufig zur Vesper serviert, aber auch mit Gemüse kombiniert („Linsen und Saitenwürstle).

Die Küche Schwabens ist genauso bekannt für pikante **Fleischspeisen.** Besonderes Lob gilt dem eingemachten Kalbfleisch, einem wohlschmeckenden mild-zarten Gulaschge-

richt, das einfach zubereitbar und leicht verdaulich ist. Ob geschmort oder im Backofen gebraten, ein gutes **„Sößle"** gehört immer dazu.
Die gefüllte Kalbsbrust, aber auch das „Schäufele" (geräucherte, gepökelte Schweineschulter), die beide mit Muße im Backofen zubereitet werden, sind weitere Beispiele für typische Bratengerichte. Zum Fleisch gehört eine **Beilage,** die in Schwaben jedoch auch Hauptspeise sein kann: die berühmten **„Spätzle".** Sie sind schon seit Jahrhunderten die Säule dieser landsmannschaftlichen Küche und ihr Bekanntheitsgrad reicht weit über die Grenzen des Landes hinaus. Aus Mehl, Wasser, Salz und frischen Eiern wird ein lockerer Teig zubereitet, der von einem Holzbrett, unter Verwendung eines speziellen Messers, ins kochende Salzwasser „geschabt" wird. Die „Spätzle"-Variationen sind vielfältig als Beilage, mit geriebenem Käse und knusprig gerösteten Zwiebeln angemacht, mit Leber oder Spinat verfeinert oder mit „Kraut"ergänzt.

Genauso beliebt und abwechslungsreich zubereitet werden die rechteckigen **Maultaschen,** die als verschiedenartig gefüllte Nudeln in heißer Brühe schwimmen oder mit gerösteten Zwiebeln aufgetragen werden. Schwäbische Spezialitäten sollen in der Regel „nass"- d.h. feucht sein, dies gilt insbesondere für **Salate** und für den landesweit beliebten Kartoffelsalat. Daneben kennt und schätzt man **Gemüse** wie Wirsing, Sauerkraut und natürlich den begehrten Spargel aus den heimischen Anbaugebieten.

In der schwäbischen Küche finden sich Gewürze und Kräuter, die den Eigengeschmack der Speisen nicht verfremden, sondern ihn eher unterstützen. Beispielhaft seien hier Pfeffer, Muskat, Petersilie Schnittlauch und Zwiebeln erwähnt.

Das **Mehl** spielt eine Hauptrolle. Nicht nur Herzhaftes, auch Süßes ist überaus beliebt. Der „Pfitzauf" ist ein typischer Vertreter einer besonderen Nachspeise, aber auch „Holunderküchle" können jedes gute Essen ergänzen. **„Gutsle"** (Kleingebäck) oder **Kuchen** sollten stets reichhaltig aufgetischt werden. Mit Eiern und Sahne darf beim Backen nicht gespart werden. Zu jedem Essen gehört ein kühles Bier oder besser noch ein trockener **Wein.** Hiervon hat Schwaben als Weinanbauland Bestes zu bieten.

Kleines Küchenlexikon

Ackersalat	= Feldsalat
Apfelküchle	= in Fett ausgebackene Apfelringe
Bratreine	= Bratgeschirr, meist emailliert
Buabaspitzla	= Fingernudeln aus Kartoffelteig
Filderkraut	= Spitzkohl
Flädle	= Pfannkuchen
Gsälz	= dünnflüssige Marmelade
Gutsle	= Kleingebäck
Holunder-Küchle	= gebackene Holunderblüten
Kalbsvögele	= Kalbsrouladen
Käsehäckerle	= kleingeschnittener Käse
Knöpfel	= ähnlich Spätzle, auf andere Art zubereitet
Kratzete	= Eierschmarrn; gebackener und zerteilter Pfannkuchenteig

Kraut	= Weißkohl, auch Sauerkraut
Kräuterflädle	= Pfannkuchenteig mit verschiedenen Kräutern gemischt
Laubfrösche	= gefüllte Spinat- oder Mangoldrouladen
Maultäschle	= gefüllte Nudeltaschen
Moscht	= einjähriger Wein
Nierle	= Nieren, meist sauer angemacht
Pfitzauf	= typisch schwäb. Gebäck, ähnlich Brandteig
Rahm	= süße Sahne
Riebele	= kleine Mehlklümpchen
Saitenwürstle	= schwäb. Wurstsorte, ähnlich Wiener Würstchen
Sauerrahm	= saure Sahne
Schäufele	= geräucherte und gepökelte Schweineschulter
Schützenwürscht	= dicke Brühwürste
schwätzig	= nass, feucht
Spätzle	= hausgemachte, geschabte Nudeln
Springerle	= Eiweißgebäck
Suser	= neuer, junger Wein
Träuble	= Johannisbeeren
Veschper	= Voressen, Zwischenmahlzeit
Wecken	= Brötchen, Semmeln
Weckmehl	= Semmelbrösel, Paniermehl
Würscht	= Würste
Wurzelwerk	= Suppenzutaten, bestehend aus Möhren, Sellerie, Petersilienwurzel und Lauch
Zwiebelroschtbroate	= Rostbratenscheiben mit gebackenen Zwiebelringen

Zum „Veschpern“

Wie in ganz Süddeutschland ist die vormittägliche „Veschper“ (Voressen, Zwischenmahlzeit) für viele Schwaben eine traditionelle Zwischenmahlzeit. Es wird in der Regel etwas Herzhaftes serviert, manchmal darf es aber auch nur eine „Butterbrezel“ sein. Früher gab es vielerorts sogenannte „Veschperstuben“, die oftmals Vielfältigeres auf ihren Speisekarten anboten als die klassischen Restaurants.
Typisch sind

- verschiedene Sülzen
- landesspezifische Würste, wie beispielsweise die „Saitenwürst“, Landjäger und die roten bzw. schwarzen „Würscht“
- „Flädle“ (Pfannkuchen)
- deftige Schmalzbrote

- Wurst- oder Käsesalate, auch Ochsenmaulsalat
- saftige Zwiebel- oder Krautkuchen

Angemachte „Würscht“ (Würste)

Pro Person ca. 150 g weiße oder schwarze „Würscht“ (Blutwürste, Schinkenwürste)

1-2 Zwiebeln

1-2 EL geh. Schnittlauch

Marinade:

4-5 EL Obst- o. Weinessig

5-6 EL Öl

etwas Wasser

1 kräftige Prise Zucker

Salz, weißer Pfeffer

● Die Würste in dicke Scheiben schneiden und auf Tellern anrichten. Mit den geschälten, in feine Ringe geschnittenen Zwiebeln belegen und mit gehacktem Schnittlauch bestreuen

● Für die Marinade alle Zutaten verrühren und darübergeben. Nach kurzem Durchziehen servieren.

Schwäbischer Wurstsalat

200 g Schweizer Käse, z.B. Emmentaler

2-3 Schützenwürschte (dicke Brühwürste)

2-3 schwarze „Würscht" (dunkle Blutwurst)

2-3 Zwiebeln

Marinade:

4-5 EL Obst- o. Weinessig

5-6 EL Öl, 1 TL Senf

Salz, grober schwarzer Pfeffer

Fortsetzung Seite 10

● Den Käse stifteln oder in kleine Quadrate zerteilen. Die Würste der Länge nach einritzen und ggf. häuten. Die Zwiebeln schälen. Beides in dünne Scheiben schneiden. Alle Zutaten in einer größeren Schüssel gut durchmischen.

● Aus Obst- oder Weinessig, Öl, Senf und Gewürzen eine Marinade zubereiten. zum Salat geben und unterrühren. Etwa 1/4-1/2 Stunde lang durchziehen lassen, dann nochmals abschmecken.

Ochsenmaulsalat

1 Ochsenzunge mit ca. 600-700 g	
Salz	
1 Bund Suppengrün	
1 Zwiebel	
1 Lorbeerblatt	
6-7 Pfefferkörner	
1-2 Nelken	

Marinade:

1 Zwiebel	
6-8 EL Obst- oder Weinessig	
etwas Wasser	
6-7 EL Öl	
1 kräftige Prise Zucker	
Salz, weißer Pfeffer	

● Die Zunge kurz kalt abspülen, mit Salz einreiben und mit dem geputzten Suppengrün, der geschälten, geviertelten Zwiebel, Lorbeerblatt, Pfefferkörner und den Nelken in einem größeren Topf einmal aufkochen. Anschließend die Kochstelle herunterschalten und die Zunge in ca. 2 Stunden garziehen lassen.

● Das Fleisch herausnehmen, kalt abschrecken, häuten und vollständig auskühlen lassen. Anschließend in sehr feine Scheiben oder Streifen schneiden.

● Für die Marinade die Zwiebel schälen und fein hacken. Mit allen anderen Zutaten mischen und unter die Zungenscheiben geben. Den Salat vor dem Servieren einige Stunden im Kühlschrank durchziehen lassen.

Butter-Brezeln

8 frische Laugenbrezeln

Butter

● Die Brezeln mit Hilfe eines scharfen Messers quer durchschneiden, dick mit Butter bestreichen und wieder zusammensetzen.

Schwäbischer Krautkuchen

Hefeteig wie im Rezept „Zwiebelkuchen", s. S. 13

Belag:
200 g durchwachsener Speck

1 kg Weißkraut

1/4 l trockener Weißwein

1 TL Salz, weißer Pfeffer

2 TL Kümmel

1 EL geh. Petersilie

200 ml saure Sahne

● Aus den angegebenen Zutaten, wie im Rezept „Zwiebelkuchen" beschrieben, einen Hefeteig zubereiten und aufgehen lassen.

● Den Speck würfeln und in einer großen Pfanne ausbraten. Das Weißkraut putzen, fein schneiden und zum Speck geben. Mit dem Weißwein übergießen und das Gericht würzen. Zugedeckt, unter gelegentlichem Wenden, in 20-25 Minuten weich dünsten, dann abkühlen lassen und zuletzt die Sahne untermischen.

● Den Hefeteig auf bemehlter Arbeitsfläche ausrollen, auf ein leicht gefettetes Backblech legen und mit einer Gabel mehrfach einstechen.

● Die Krautmasse gleichmäßig darauf verteilen und glattstreichen. Nochmals gehen lassen, dann den Krautkuchen im vorgeheizten Backofen bei 190 - 210 °C in ca. 30-40 Minuten backen. Lauwarm servieren.

Käsehäckerle auf Apfelscheiben

200 g Tilsiter	Saft von1 Zitrone
50 g geräucherter, durchwachsener Speck	1 Prise Zucker
	Salz, weißer Pfeffer
1 Bund Schnittlauch	2 Äpfel, einige Salatblätter

● Den Käse in kleine Würfel schneiden. Den Speck würfeln und in einer mittelgroßen Pfanne ausbraten. Den Schnittlauch waschen, trockentupfen und in feine Röllchen schneiden. Alle Zutaten gut durchmischen.

● Zitronensaft, Zucker, Salz, Pfeffer und Öl verrühren. Diese Marinade über den Käse geben und etwas durchziehen lassen.

● Die Äpfel gründlich waschen, gut trockenreiben und mit einem Apfelausstecher das Kerngehäuse vollständig entfernen. Die Äpfel in dünne Scheiben schneiden.

● Servierteller mit geputzten, gewaschenen und gut abgetropften Salatblättern auslegen. Die Apfelscheiben dekorativ darauf verteilen und das Käsehäckerle darauf anrichten.

Zwiebelkuchen

<u>Teig:</u>
250 g Mehl

20 g frische Hefe

ca. 1/8 l lauwarme Milch

30 g Butter, 1 Ei

1/4 TL Salz

<u>Belag:</u>
200 g roher Schinken

800 g Zwiebeln

3 Eier

je 1/2 rote und grüne Paprikaschote

1/8 l süße Sahne

3 EL saure Sahne

frisch gem. Pfeffer,
1 EL Kümmel, 1 EL geh. Petersilie

<u>Außerdem:</u>
Mehl zum Ausrollen

Fett für das Backblech

● Das Mehl in eine Schüssel sieben, in die Mitte eine Vertiefung eindrücken und die Hefe hineinbröckeln. Mit der lauwarmen Milch auflösen, mit etwas Mehl bestreuen und zugedeckt an einem warmen Ort ca. 15-20 Minuten gehen lassen.

● Die Butter schmelzen, mit Ei sowie Salz mischen und zum Vorteig geben.

● Unter Einsatz des Elektroquirls mit Knetern daraus einen geschmeidigen Hefeteig herstellen, der nochmals ca. 20

Minuten gehen muß.

● Inzwischen den Schinken würfeln und in einer großen Pfanne auslassen. Die Zwiebeln schälen und in Scheiben schneiden, zum Schinken geben und unter beständigem Wenden glasig dünsten.

● Die Paprikaschoten von den Kernen und Rippen befreien, waschen und würfeln. Zu den Zwiebeln geben und mitdünsten, dann die Mischung auskühlen lassen.

● Die Eier mit süßer und saurer Sahne verrühren, kräftig würzen und zum Gemüse geben.

● Den Hefeteig auf bemehlter Arbeitsfläche ausrollen, auf ein leicht gefettetes Backblech legen und mit einer Gabel mehrfach einstechen.

● Die Zwiebelmasse darauf gleichmäßig verteilen und glattstreichen. Nochmals gehen lassen, dann den Zwiebelkuchen im vorgeheizten Backofen bei 190-210 °C in ca. 30-40 Minuten backen. Lauwarm servieren.

Interessant für Sie:
Der frisch gebackene Zwiebelkuchen ist eine beliebte Spezialität, der besonders im Herbst gerne zusammen mit dem „Suser" (neuer, junger Wein) oder einem kühlen bier serviert wird.

Herbstliche „Moschtsuppe"

(Weinsuppe)

400 ml trockener Weißwein	Salz, weißer Pfeffer
400 ml Milch	2-3 EL Stärkemehl
1 kräftige Prise frisch gem. Muskat	200 ml süße Sahne
1 Prise Zucker	1 großes Ei, etwas Zitronensaft

● 1/8 l Wein abmessen und beiseite stellen. Den restlichen Wein zusammen mit der Milch in einen größeren Topf geben und langsam erhitzen. Mit Muskat, Zucker, Salz sowie Pfeffer würzen.

● Das Stärkemehl zum abgemessenen Wein geben und gut durchmischen. Unter beständigem Rühren langsam zum Wein-Milchgemisch geben, einmal aufkochen lassen, dann von der Kochstelle nehmen.

● Das Ei trennen. Eiweiß unter Zugabe von Zitronensaft steif schlagen. Sahne mit Eigelb verquirlen. In die heiße Suppe einrühren, diese auf Teller verteilen und mit kleinen Eischneeklößchen garnieren.

Tip:
In den Weinanbauregionen Schwabens spielt der Wein eine wichtige Rolle. Seine Qualität wird hoch geschätzt, auch für die Zubereitung dieser schmackhaften Suppe. Verwenden Sie daher keine „billige" Sorte.

Interessant für Sie:
Der einjährige Wein wird in Schwaben als „Moscht" bezeichnet.

Schwäbischer Nudeltopf

2 mittelgroße Möhren	2 EL Butterschmalz
1 mittlere Stange Lauch	1 Zwiebel
1 kleine rote Paprikaschote	Salz, weißer Pfeffer, etwas Muskat
600 g Rindfleisch (z.B. von der Hochrippe)	200 g vorgegarte Spätzle

100 ml trockener Rotwein	2-3 EL saurer Rahm
1 l kräftige Fleischbrühe	geh. Petersilie

● Möhre sowie Lauch putzen und in Ringe oder Stifte schneiden. Die Paprikaschote waschen, halbieren, von den Kernen sowie Rippen befreien und würfeln.

● Das Fleisch kurz kalt abspülen, mit Küchenpapier trockentupfen und kleinwürfeln.

● Die Zwiebel schälen, fein hacken und in heißem Butterschmalz glasig dünsten, das Fleisch dazugeben und mitbraten, dann die Gemüsezutaten und die Hälfte der Brühe dazugeben.

● Einmal aufkochen, dann auf niedriger Stufe ca. 30-40 Minuten garen.

● Mit der restlichen Brühe auffüllen, Spätzle und Rotwein dazugeben und kurz miterhitzen. Den Nudeltopf auf Teller verteilen, auf jede Portion etwas Rahm geben und mit gehackter Petersilie bestreut servieren.

Tip:
Zum Nudeltopf servieren Sie am besten frische Laugenbrezeln.

„Riebele"-Suppe

2 Eier, 1 Eigelb	Pfeffer, frisch gem. Muskat
ca. 200 g Mehl, Salz	2-3 EL geh. Schnittlauch oder Petersilie
1 l kräftige Fleischbrühe	

● Eier, Eigelb, Mehl sowie Salz mit Hilfe des Elektroquirls zu einem festen Nudelteig verkneten und zugedeckt ca. 30 Minuten ruhen lassen.

● Den Teig mit einem Reibeisen in kleine Stückchen schaben, diese zum Trocknen ausbreiten und anschließend in der heißen, gut abgeschmeckten Fleischbrühe ca. 5-8 Minuten garen.

● Die Suppe mit Schnittlauch oder Petersilie garniert servieren.

Schwäbischer Kartoffeltopf mit „Saitenwürstle“

- 400-500 g Kartoffeln
- 1/2 Sellerieknolle
- 2-3 Möhren
- 1 Petersilienwurzel
- 1 große Zwiebel
- 150 g durchwachsener, geräucherter Speck
- 40 g Butterschmalz
- 1 1/2 l kräftige Fleischbrühe
- Salz, Pfeffer, 1 Prise gem. Muskat
- etwas Bohnenkraut
- 2 große Saitenwürste oder ersatzweise Wiener Würste
- 80-100 ml süße Sahne
- 1/4 Bund gehackter Petersilie
- geröstete Weißbrotwürfel nach Belieben

● Zunächst die Gemüsezutaten vorbereiten. Hierzu Kartoffeln, Sellerie, Möhren, Petersilienwurzel sowie Zwiebel schälen, dann würfeln oder in Scheiben schneiden, gründlich waschen und gut abtropfen lassen.

● Den Speck würfeln. In einem größeren Topf das Butterschmalz erhitzen, die Speckwürfel darin knusprig ausbraten und im Anschluß daran das Gemüse andünsten.

● Mit Fleischbrühe ablöschen, kräftig würzen und das Bohnenkraut dazugeben. Einmal aufkochen, dann auf niedriger Stufe in ca. 30-40 Minuten garkochen, dabei gelegentlich umrühren. 5 Minuten vor Ende der Garzeit die in Scheiben geschnittenen Saitenwürste dazugeben und miterhitzen.

● Den Topf von der Kochstelle nehmen, die Suppe mit Sahne abrunden, mit gehackter Petersilie bestreuen und nach Belieben geröstete Weißbrotwürfel darübergeben. Heiß servieren.

Laugenbrezelsuppe

- 4 altbackene, in Streifen geschnittene Laugenbrezeln
- 1 l kräftige Fleischbrühe
- 2 Eigelb
- 4 EL süße Sahne
- Salz, weißer Pfeffer, frisch gem. Muskat
- frisch geh. Schnittlauch

● Zunächst die Laugenbrezeln in einen Topf geben und mit der kalten Brühe übergießen. Zugedeckt ca. 40-50 Minuten einweichen lassen, dann langsam aufkochen, bis die Brezeln aufgelöst sind.

● Die Suppe durch ein grobes Sieb passieren oder pürieren.

● Die Eigelbe mit der Sahne verquirlen, würzen und unterziehen. Zuletzt die Suppe mit frisch gehacktem Schnittlauch abrunden und sofort servieren.

Tip:
Sie können diese Suppe zusätzlich mit gerösteten Zwiebelringen und knusprig ausgebratenen Speckwürfelchen ergänzen. Anstelle der Laugenbrezeln läßt sich auch dunkles, altbackenes Brot (ca. 150 g) verwenden.

„Flädle"-Suppe (Pfannkuchensuppe)

„Flädle"-Teig (Pfannkuchenteig):

- ca. 1/4 l kalte Milch
- 200 g Mehl, Salz
- 3 Eier
- Butterschmalz zum Ausbacken

Suppe:

- 1 l kräftige, heiße Fleischbrühe
- Salz, weißer Pfeffer
- 1 Prise frisch gem. Muskat
- 2-3 EL geh. Schnittlauch

● Die Milch genau abmessen. Das Mehl mit dem Salz in eine Schüssel sieben. Die Eier hineinschlagen. Unter Zugabe der Milch zu einem geschmeidigen Pfannkuchenteig verarbeiten. Hierzu am besten den Elektroquirl einsetzen.

Anschließend den Teig ca. 30 Minuten stehen lassen.

● In einer mittleren Pfanne das Butterschmalz erhitzen, etwas Teig hineingeben und durch Schwenken gleichmäßig verteilen. Kurz anbacken lassen, dann mit Hilfe eines flachen Deckels wenden und von der anderen Seite goldgelb fertigbacken. Den restlichen Teig in gleicher Weise zubereiten.

● Die einzelnen Pfannkuchen heiß aufrollen, abkühlen lassen und dann erst in dünne Streifen schneiden.

● Auf vorgewärmte Suppenteller oder -tassen verteilen und mit der heißen, gut abgeschmeckten Fleischbrühe übergießen. Jede Portion mit Schnittlauch garnieren und die Suppe sofort servieren.

Festtagssuppe

50-60 g weiche Butter	60 ml süße Sahne
1 Ei	1 1/4 l kräftig abgeschmeckte Fleischbrühe
100 g Hartweizengrieß	1 Möhre
Salz, frisch ger. Muskatnuß	1 kleine Stange Lauch
100 g feines Bratwurstbrät	150 g Kräuter-"Flädle" (Rezept s. S. 64)
1 Eiweiß	2-3 EL geh. Schnittlauch
weißer Pfeffer, 1 Prise edelsüßes Paprikapulver	

● Für die Grießklößchen weiche Butter mit Ei sowie Grieß verrühren, dann mit Salz sowie Muskat würzen. Zum Durchziehen beiseite stellen.

● Das Bratwurstbrät in eine Schüssel geben, mit Eiweiß vermischen und mit Salz, Pfeffer sowie edelsüßem Paprikapulver würzen. Die Sahne dazugeben und die Masse gleichmäßig durcharbeiten. Hierzu am besten den Elektroquirl einsetzen.

● Die Fleischbrühe erhitzen. Möhre und Lauch putzen, kleinschneiden oder stifteln, gründlich waschen, gut abtropfen lassen und in die heiße

Brühe geben. Etwa 5-8 Minuten mitgaren.

● Inzwischen mit einem nassen Teelöffel aus der Brätmasse kleine Klößchen und mit einem feuchtem Eßlöffel aus der Grießmasse größere Klößchen abstecken. In die Brühe geben und ca. 15 Minuten auf niedriger Stufe garziehen lassen.

● Die bereits vorbereiteten Flädle kleinschneiden, auf vorbereitete und angewärmte Suppenteller verteilen, die Klößchen dazugeben und mit der heißen Brühe übergießen.

● Frisch gehackten Schnittlauch darüberstreuen und die Suppe sofort servieren.

Tip:
Die Brätmasse muß gut abgeschmeckt sein. Nach Belieben können Sie auch 1 TL Weinbrand untermischen.

Gaisburger Marsch

500 g Suppenfleisch z.B. Rinderbrust	500 g festkochende Kartoffeln
500 g Suppenknochen	40-50 g Schmalz oder Butter, Salz
2 Zwiebeln	400 g vorgekochte Spätzle
1/4 Stück Sellerie	30 g Butter
1-2 Möhren	Pfeffer, frisch gem. Muskat, geh. Petersilie
1/2 Bund glatte Petersilie	
1 kleine Stange Porree	

● Das Suppenfleisch kurz kalt abspülen und mit Küchenpapier trockentupfen. Die Knochen unter fließendem Wasser abbürsten. Beides in einen großen Topf geben.
1 geschälte, gewürfelte Zwiebel, Selleriewürfel, gestiftelte Möhren, kleingehackte Petersilie sowie geputzten Porree dazugeben. Mit 2 Liter kaltem Wasser auffüllen und zugedeckt ca. 2-2 1/2 Stunden langsam kochen lassen.

● Das Fleisch herausnehmen und beiseite stellen. Die Brühe durch ein Sieb gießen. Die Kartoffeln

schälen, in kleine Stückchen schneiden, waschen, abtropfen lassen und in der Brühe garkochen. Das Rindfleisch würfeln und dazugeben.

● Die restliche Zwiebel in Ringe schneiden, in einer Pfanne mit heißem Schmalz oder Butter kräftig rösten und dabei leicht salzen.

● In einer zweiten Pfanne die Spätzle in zerlassener Butter schwenken.

● Zwiebeln sowie Spätzle und Gewürze unter die Fleisch-Kartoffelmischung geben, alles durchmischen und kräftig abschmecken. Nach Belieben mit gehackter Petersilie bestreuen und sofort servieren.

Interessant für Sie:
Gaisburg ist heute ein Stuttgarter Stadtteil, der diesem schmackhaften Eintopfgericht seinen Namen gegeben hat.

Bachforelle „blau“

1/4 l trockener Weißwein	8-10 Pfefferkörner, Salz
4 EL Weinessig	1-2 Lorbeerblätter
2 Möhren	4 küchenfertige Bachforellen à 400-500 g
2 Zwiebeln	
4 Zitronenscheiben	Butter

● Den Weißwein mit 1/2 l Wasser mischen und in einem größeren, länglichen Fischtopf aufkochen. Essig, geputzte und in Scheiben geschnittene Möhren sowie geschälte, geviertelte Zwiebeln, Zitronenscheiben, Salz, Pfefferkörner und Lorbeerblätter dazugeben.

- Zugedeckt 15-20 Minuten „köcheln" lassen.
- Inzwischen die Forellen kalt abspülen und trockentupfen. In den vorbereiteten Sud legen und ca. 15 Minuten durchziehen lassen.
- Die Butter schmelzen.
- Die Forellen aus dem Sud heben, mit etwas Sud und der geschmolzenen Butter anrichten und mit Zitronenscheiben garnieren.

Beilage: Salzkartoffeln mit frisch gehackter Petersilie bestreut, und Salat.

Unser Tip:
Die Forellen können Sie mit Petersilie, Salatblättern, Tomaten- und Zitronenscheiben garnieren. Dazu reicht man nach Belieben
- frische oder geschmolzene Butter
- frisch geriebenen Meerrettich

Die Forellen lassen sich auch im Backrohr bei 180-200 °C in 20-25 Minuten in einer größeren Bratreine (Bratgeschirr) dünsten.

Bodenseefelchen in Rieslingsauce

8 mittlere Felchenfilets	100 g frische Champignons
1 EL Zitronensaft	1/8 l trockener Riesling
Salz, weißer Pfeffer	50 ml süße Sahne
60 g Butterschmalz, Mehl zum Wenden	1 EL kalte Butter
Sauce: 50 g Butter	1-2 TL Stärkemehl
1 Zwiebel	frisch geh. Petersilie

- Die Felchenfilets kurz kalt abspülen, mit Küchenpapier trockentupfen, mit Zitronensaft beträufeln und würzen. Etwas durchziehen lassen, dann das Butterschmalz erhitzen, die Felchenfilets in Mehl wenden und von beiden Seiten knusprig braun braten. Warm stellen.
- Für die Sauce die Butter erhitzen, die geschälte und feingehackte Zwiebel darin anschwitzen. Die geputzten, blättrig

geschnittenen Champignons und den Wein dazugeben. Zugedeckt auf niedriger Stufe garziehen lassen. Sahne mit Stärkemehl verrühren, dazugeben, die Sauce damit binden und zuletzt mit kalter Butter abrunden. Nochmals mit Salz sowie Pfeffer abschmecken und mit frisch gehackter Petersilie würzen.

● Die Felchenfilets auf vorgewärmten Tellern anrichten und mit der Sauce überziehen.

Beilage: Blattspinat oder Mangold, Salzkartoffeln

Tips:
Anstelle der Felchen können Sie auch Renken oder Forellen verwenden. Ein trockener Müller-Thurgau wäre der passende Wein für dieses Gericht.

Gebackene Forellen vom Federsee

4 küchenfertige, frische Forellen	etwas Mehl
à 300-400 g	250 ml Gemüse- oder Fleischbrühe
Salz, weißer Pfeffer	125 ml süße Sahne
Saft 1 Zitrone	2-3 EL Meerrettich
1 unbehandelte Zitrone	1 Prise Zucker
2 Dillzweige	30 g gehobelte Mandeln
1 kg frischer Spinat	2 EL Öl, frisch ger. Muskat
2 Zwiebeln	Backpapier, einige Dillblüten nach Belieben
30 g Butter oder Margarine	

● Die frischen, gesäuberten Forellen unter kaltem Wasser gründlich waschen und außen sowie innen mit Küchenpapier trockentupfen. Die Haut mit Hilfe eines scharfen Messers mehrfach einritzen, mit Salz sowie Pfeffer einreiben und mit Zitronensaft beträufeln.

● Die Zitrone gründlich waschen,trockenreiben und in Scheiben schneiden. Den Backofen auf 200-220 °C vorheizen.

● Die Forellen auf ein mit Backpapier ausgelegtes, tiefes Backblech geben und ca. 30-40 Minuten backen. Den Dill waschen, trocken schütteln und die Fähnchen von den Stielen zupfen. 5 Minuten vor Ablauf der Bratzeit über den Fisch geben.

● Inzwischen den Spinat putzen, waschen und in wonig kochendem Salzwasser dünsten. Herausheben und gut abtropfen lassen. Die Zwiebeln schälen und in Spalten schneiden. Das Fett in einem Topf schmelzen, Mehl zufügen, anschwitzen und mit Brühe sowie Sahne ablöschen. Unter Rühren aufkochen, den Meerrettich unterziehen. Nun die Sauce mit Salz, Pfeffer und Zucker abschmecken. Die Mandelblättchen rösten. Das Öl erhitzen und die Zwiebeln darin glasig dünsten. Den vorbereiteten Spinat dazugeben, erwärmen und mit Salz, Pfeffer sowie Muskat abschmecken.

● Den Spinat auf eine Platte geben, mit Mandelblättchen bestreuen und den Fisch sowie etwas Sauce darauf anrichten. Nach Belieben mit Dillblüten garnieren und die restliche Sauce separat dazu reichen.

Lindauer Hechtklößchen

- ca. 150 g altbackenes Weißbrot ohne Rinde
- 250 ml süße Sahne
- 1 kleine Zwiebel
- 2 EL Butter
- 400 g frisches Hechtfilet
- 1 Eiweiß
- 1 Prise gem. Muskat
- Salz
- weißer Pfeffer
- 1 l Fischsud oder gesalzenes Wasser

● Das Weißbrot in eine Schüssel geben, mit Sahne begießen, durchmischen und einweichen lassen.

● Die Zwiebel schälen, sehr fein hacken und in der Butter glasig dünsten. Abkühlen lassen.

● Das Hechtfilet auf Gräten überprüfen, kurz kalt abspülen, mit Küchenpapier gut trockentupfen und durch die feine Scheibe des Fleischwolfs drehen oder in der Küchenmaschine pürieren.

● Mit Weißbrot, Sahne, Zwiebel sowie Eiweiß zu einer geschmeidigen Masse verarbeiten, kräftig würzen und kaltstellen.

● In einem größeren Topf den Fischsud oder das Salzwasser erhitzen. Von der Fischmasse mit Hilfe eines Eßlöffels kleine Klößchen abstechen und diese in die heiße, nicht mehr kochende Flüssigkeit gleiten lassen.

● Sofort die Kochstelle herunterschalten und die Hechtklößchen - je nach Größe - in ca. 10 - 15 Minuten garziehen lassen.

● Auf vorgewärmten Tellern anrichten.

Beilage: Geröstetes Weißbrot

Tip:
Zu den Hechtklößchen servieren Sie am besten einen Spätburgunder Weißherbst.

„Eingemachtes" Kalbfleisch

800 g Kalbfleisch (Schulter oder Hals)	Sauce: 40 g Butter oder Margarine
1 Bund Suppengrün	50 g Mehl
1 Zwiebel	1/2 l Kalbfleischsud
Saft 1/2 Zitrone	etwas Zitronensaft
Salz	1/4 l trockener Weißwein
1 1/2 l Wasser	ca. 1/8 l süße Sahne
	1 Eigelb

● Das Fleisch kurz kalt abspülen, mit Küchenpapier trockentupfen und in Würfel schneiden. mit dem geputzten, kleingeschnittenen Suppengrün sowie der geschälten und grob gewürfelten Zwiebel in einen Topf geben. Zitronensaft, Salz und Wasser dazugeben. Einmal aufkochen, dabei gelegentlich umrühren, dann zugedeckt auf niedriger Stufe ca. 40-50 Minuten langsam garen lassen.

● Für die Sauce das Fett erhitzen, mit Mehl bestäuben und hellgelb anschwitzen. Mit 1/2 Liter Fleischfond ablöschen, Zitronensaft sowie Weißwein dazugeben und das Fleisch nochmals in der Sauce aufkochen. Sahne mit Eigelb verquirlen und zuletzt kurz unterziehen. Sofort servieren.

Beilage: Spätzle oder Reis und grüner Salat

Interessant für Sie:
Dieses Rezept ist eine schwäbische Spezialität, die durch ihre besonders einfache Zubereitung auffällt. Wichtig ist, einen guten, geschmackvollen Wein auszuwählen, den Sie sowohl für die Sauce als auch als Tischwein verwenden sollten.

Saure Schweinenierle (Schweinenieren)

500 g Schweinenieren	ca. 1 Tasse Fleischbrühe
1 Zwiebel	Obst- oder Weinessig
50 g Butterschmalz	saure Sahne
Salz, weißer Pfeffer	Mehl

● Die Nieren halbieren, Haut und Röhren entfernen, dann für einige Stunden wässern, abtrocknen und in Scheiben schneiden.

● Die Zwiebel schälen und würfeln. Das Fett erhitzen, Nieren und Zwiebel unter beständigem Wenden ca. 5 Minuten bräunen, dann würzen. Die Brühe angießen und einen Schuß Essig dazugeben. Einmal aufkochen, dann das Gericht auf niedriger Stufe 5-10 Minuten fertiggaren.

● Mit in saurer Sahne angerührtem Mehl binden, nochmals abschmecken und servieren.

Beilage: Spätzle, Salat

Tip:
Zu den sauren Nieren passen auch gut Pilze (Champignons, Pfifferlinge), die mit Zwiebeln angedünstet werden.
Die passende Menge liegt bei 250 g.

„Kalbsvögele“
(Kalbfleischrouladen)

4 Kalbsrouladen à 150-180 g
weißer Pfeffer
4 TL mittelscharfer Senf
100 g aufgetauter oder frisch gedünsteter Blattspinat
Salz
1 Möhre, 1 kleine Zwiebel
1 Essiggurke
1/4 Bund Petersilie
4 Scheiben milder, gekochter Schinken
2-3 EL Öl
Zwiebelwürfel n. Belieben
100 ml trockener Weißwein, Salz
ca. 3/8 l Fleischbrühe
1/8 l süße Sahne
1-2 TL Stärkemehl

● Die Kalbsrouladen kurz kalt abspülen, mit Küchenpapier trockentupfen, auf einer Arbeitsfläche ausbreiten, pfeffern und gleichmäßig mit Senf bestreichen.

● Mit dem gut abgetropften und anschließend ausgedrückten Spinat belegen.

● Möhre und Zwiebel schälen, zusammen mit der Essiggurke und der geputzten Petersilie fein hacken. Die Mischung über dem Spinat verteilen, dann die Rouladen sorgfältig aufrollen, mit je 1 Scheibe Schinken umwickeln und festbinden (Küchengarn) oder mit Zahnstochern feststecken.

● In heißem Öl anbraten, nach Belieben Zwiebelwürfel dazugeben, mit Weißwein ablöschen und so viel Brühe angießen,

daß die Rouladen knapp bedeckt sind.

● Bei schwacher Hitze ca. 45 Minuten garen, dabei gelegentlich Brühe nachgießen. Falls Sie einen Schnellkochtopf einsetzen möchten, so benötigen die Rouladen eine Garzeit von ca. 10 - 12 Minuten auf der Schnellkochstufe.

● Die Rouladen aus dem Topf nehmen, das Küchengarn oder die Zahnstocher entfernen, den Fond ggf. durchpassieren und mit in kalter Sahne glattgerührtem Stärkemehl binden. Kräftig abschmecken, dann die Rouladen mit der Sauce servieren.

Beilagen: Salzkartoffeln, Gemüse

Tip:
Die „Kalbsvögele" können - je nach Geschmack - auch mit Bratenresten, ca. 300 g Kalbsbrät, Schinkenwürfel oder hartgekochten Eiern gefüllt werden.

Schwäbisches „Schäufele“

1,5 kg „Schäufele“ (Schweineschulter, geräuchert und mild gepökelt, mit Knochen)	
Salz, 1 TL Pfefferkörner	
ca. 2 1/2 l Wasser	
Wurzelwerk: 2 Möhren	
1/4 Stück Sellerie	
1 Stange Lauch	
1 Petersilienwurzel	
2 Zwiebeln	

- Das Fleisch kurz kalt abspülen und mit Küchenpapier trockentupfen. In einem großen Topf reichlich gesalzenes und mit Pfeffer gewürztes Wasser erhitzen.
- Inzwischen das Wurzelwerk putzen, schälen, waschen, vierteln oder stifteln. Mit dem Fleisch in die Flüssigkeit geben, sofort die Kochstelle herunterschalten und auf niedriger Stufe ca. 1 1/2 Stunden garziehen lassen.
- Anschließend das Schäufele herausnehmen, den Schulterknochen auslösen und das Fleisch in Scheiben schneiden.

Beilage: Saftiges Weinkraut, Kartoffelbrei oder ein „schwätziger“ Kartoffelsalat und ein kühles Bier.

Tips:
Das Fleisch bestellen Sie einige Tage vorher bei Ihrem Metzger. Sicher bereitet er Ihnen ein passendes Stück vor.

Bedingt können Sie auch frische Schweineschulter verwenden, die in reichlich gesalzenem Wasser zusammen mit dem Wurzelwerk gegart wird. Aus der Kochflüssigkeit läßt sich übrigens eine gute Suppe anfertigen, in die man beispielsweise Kartoffeln sowie einige Stückchen Schäufele-Fleisch hineingibt. Sie können das Fleisch auch kalt aufschneiden und zur „Vescher" zusammen mit einem herzhaften Brot servieren. Möchten Sie den Braten jedoch im Backofen zubereiten, so wählen Sie 180-200 °C für ca. 1 1/2 Stunden.

Singener Wildgulasch

750 g Wildfleisch	Paprikapulver, etw. Muskat
30 g Butterschmalz	etwas Worcestersauce
1/8 l Rotwein, Salz	1/8 l süße Sahne
2 Wacholderbeeren	2 EL Träublesgelee (Johannisbeergelee)
1 Lorbeerblatt	
3-4 Pfefferkörner	etwas Zitronensaft, Mehl

● Das Wildfleisch kurz kalt abspülen, mit Küchenpapier trockentupfen und würfeln. In heißem Butterschmalz kräftig anbraten, dann mit Rotwein ablöschen und die Gewürze sowie die Worcestersauce dazugeben.

● Zugedeckt ca. 1 1/4 Stunden lang schmoren lassen, dabei gelegentlich umrühren und ggf. noch etwas Flüssigkeit (Wein, Wasser oder Brühe) angießen.

● Das Lorbeerblatt herausnehmen. Sahne mit Träublesgelee, Zitronensaft und Mehl verquirlen, zum Fleisch geben, nochmals gut erhitzen und abschmecken.

Beilage: Spätzle, Gemüse

Rehfilet mit Mandelkruste in Träublessauce

800 g Rehrückenfilet	150 g frische Träuble (Johannisbeeren) oder 100 g Träublesgelee
weißer Pfeffer, Mehl	1/2 Becher süße Sahne
2 Eier	1 EL Stärkemehl
100 g geraspelte Mandeln	Salz, Pfeffer, 1 Prise Zucker
Butterschmalz zum Braten	etwas trockener Rotwein
Sauce: 1/8 l Wildfond	

● Das Rehfleisch kurz kalt abspülen und mit Küchenpapier trockentupfen. Daraus 8 Medaillons schneiden, leicht klopfen und kräftig pfeffern. Mehl sowie Mandeln jeweils auf einen Teller geben, die Eier in einer flachen Schale verquirlen.

● Das Butterschmalz in einer größeren Pfanne erwärmen.

● Die Filets zunächst in Mehl, dann in Ei und zuletzt in den Mandeln wenden. Vorsichtig in das inzwischen heiße Fett geben und von beiden Seiten nicht ganz durchbraten.

● Für die Sauce den Wildfond mit den Träuble oder dem Gelee aufkochen. Mit in kalter Sahne glattgerührter Stärke binden, kräftig würzen und mit Rotwein abrunden.

● Die Rehfilets auf der Sauce anrichten.

Beilage: salzige „Kratzete“, feines Erbsengemüse.

Pute mit Apfelfüllung

1 Babypute von ca. 2 kg ohne Innereien, Salz

Füllung:
2 Zwiebeln, Butter

2 Äpfel

2 EL geh. Petersilie

2-3 EL Weckmehl (Semmelbrösel)

1 Ei

Salz, Pfeffer

Zum Braten:
1/2 TL Pfeffer

1/2 TL edelsüßer Paprika

etwas flüssige Butter, Wasser

Sauce:
ca. 1/8 L Brühe

etwas Stärkemehl

1 EL Cognac

Salz, weißer Pfeffer

● Die Pute kurz kalt abspülen, mit Küchenpapier trockentupfen und innen salzen.

● Für die Füllung die Zwiebeln in der Butter glasig dünsten. Die Äpfel waschen, schälen, vierteln, vom Kerngehäuse befreien und grob würfeln. Mit den angedünsteten Zwiebeln mischen, Petersilie, Weckmehl, Ei sowie Gewürze dazugeben und gleichmäßig durchmischen. Die Pute damit füllen, dann zunähen oder mit Hilfe von Zahnstochern zustecken. Außen mit Pfeffer und Paprika würzen, an den Beinen übereinander binden und in ein größeres, backofenfestes Bratgeschirr legen. Mit einem Teil der Butter bestreichen und offen bei 160-180 °C in ca. 2 Stunden braten, dabei gelegentlich mit Wasser und Fond begießen, zwischendurch einmal wenden und mit der restlichen Butter bestreichen.

● Für die Sauce den Bratenfond mit Brühe auffüllen, mit in kaltem Wasser glattgerührtem Stärkemehl binden und pikant abschmecken.

Tip:
Als Beilage zur Pute eignen sich Spätzle oder Weckknödel, Rosenkohl, Pilze oder in Wein gekochtes Sauerkraut. Die Sauce können Sie auch mit saurem Rahm sowie Preiselbeerkompott verfeinern.

Rinderschmorbraten mit Lembergersauce

1,5 kg Rinderbraten	1 TL Thymian
Beize: 1/2 l trockener Lemberger	Zum Braten: 150 g magerer Speck
2 Zwiebeln, 2 Möhren	500 g kleine Zwiebeln oder Schalotten
2-3 Knoblauchzehen nach Belieben	Salz, schwarzer Pfeffer
2 Lorbeerblätter	1-2 EL Mehl
2 EL geh. Petersilie	2-3 EL geh. Petersilie

● Das Rindfleisch kurz abspülen und mit Küchenpapier trockentupfen, in eine Porzellan- oder Glasschüssel legen und mit Wein übergießen. Die geschälten, gewürfelten Zwiebeln, die geputzten, in Scheiben geschnittenen Möhren, zerdrückte Knoblauchzehen (nach Belieben), Lorbeerblätter, Petersilie und Thymian dazugeben.

● Zugedeckt an einem kühlen Ort mindestens 12 Stunden beizen, dabei gelegentlich wenden.

● Den Speck würfeln, in einem backofenfesten Schmortopf auslassen. Die geschälten, grob gewürfelten Zwiebeln darin glasig dünsten, herausnehmen und beiseite stellen. Das Fleisch aus der Beize nehmen, trockentupfen, mit Salz sowie Pfeffer einreiben und rundum ca. 15 Minuten lang anbraten. Mit Mehl bestäuben, leicht anschwitzen lassen, dann mit gesiebter Beize ablöschen.

● Zugedeckt bei 190 - 210 °C im Backofen ca. 2 Stunden lang schmoren lassen. Zwischendurch einmal wenden.

● Den Braten aus dem Geschirr nehmen, in Scheiben schneiden und auf einer vorgewärmten Platte anrichten.

Die Sauce durchsieben, nach Belieben mit kalt angerührter Speisestärke binden, nochmals aufkochen und abschmecken.

Beilagen: Spätzle oder kleine Salzkartoffeln, gemischter Salat

Rahmschnitzel

4 Kalbs- oder Schweineschnitzel
weißer Pfeffer, Bratenfett
2-3 EL Brühe, etwas Mehl
6-8 EL süße Sahne, Salz

● Die Schnitzel klopfen, dann kurz kalt abspülen, mit Küchenpapier trockentupfen und mit Pfeffer würzen. In heißem Fett von beiden Seiten goldbraun braten und aus der Pfanne nehmen. Den Fond mit Brühe lösen und nach Belieben mit angerührtem Mehl binden. Die Sahne dazugeben, dann salzen und die Schnitzel in der Sauce nochmals erwärmen.

„Zwiebelroschtbroate"
(Zwiebelrostbraten)

4 Scheiben Rostbraten à 200 g (Lendenschnitten)
schwarzer Pfeffer aus der Mühle
2 EL Mehl
40-50 g Butterschmalz
2 große Zwiebeln
Salz

● Das Fleisch kurz kalt abspülen und mit Küchenpapier trockentupfen. Mit einem flachen Messer leicht klopfen, den Fettrand mehrfach einschneiden, damit sich das Fleisch beim Braten nicht wölbt, pfeffern und auf einer Seite bemehlen.

● Das Butterschmalz in einer größeren Pfanne erhitzen, das Fleisch mit der bemehlten Seite in das heiße Fett geben, 3 - 4 Minuten braten, wenden, und auch von der anderen Seite braten.

● Inzwischen die Zwiebeln schälen und in Ringe schneiden.

● Die Bratenscheiben aus der Pfanne nehmen und auf einer vorgewärmten Platte anrichten.

● Die Zwiebeln unter beständigem Wenden im

restlichen Fett schön knusprig rösten, herausheben, abtropfen lassen und mit Salz bestreuen. Auf dem Rostbraten anrichten.

● Nach Belieben den Fond mit etwas Wasser lösen, einmal aufkochen und darübergießen.

Beilage: Spätzle, Sauerkraut oder Krautspätzle

Tips:
Der Rostbraten sollte innen noch leicht rosa sein. Gibt das Fleisch dem Druck des Pfannenwenders etwas nach, so ist es genau richtig gegart. Zu diesem Gericht servieren Sie am besten einen guten Trollinger.

Gefüllte Kalbsbrust Alt Rosenberger Art

2 kg Kalbsbrust (vom Metzger eingeschnitten)	20-30 g weiche Butter
2 TL Salz, 1 TL weißer Pfeffer	80 g vorgekochte Erbsen
Füllung: 4-5 altbackene Wecken	150-200 g Kalbsleber
2 Eier	1-2 EL Weckmehl (Semmelbrösel) nach Bedarf
4 EL Rahm,	Zum Braten: Rosenpaprika
gut 1/4 l Milch	50 g Butterschmalz
Salz, Pfeffer, Muskat	1 Zwiebel, geviertelt
abgeriebene Schale 1/2 unbehandelten Zitrone	1 Möhre, geviertelt
1 größere Zwiebel	1/2 l heiße Fleischbrühe
3 EL gehackte Petersilie	5 EL trockener Weißwein
	2 EL Sauerrahm

● Die vom Metzger eingeschnittene Kalbsbrust kalt abspülen und mit Küchenpapier trockentupfen. Innen und außen würzen

● Für die Füllung die Wecken kleinschneiden und in eine Schüssel geben. Eier mit Rahm, Milch, Gewürzen und der abgeriebenen Zitronenschale gut verquirlen. Gleichmäßig über die Wecken gießen.

● Die Zwiebel schälen, fein hacken und mit der Petersilie in der Butter andünsten. Etwas abkühlen lassen, dann zur Weckenmischung geben. Alles gut verkneten. Zuletzt die Erbsen und die gewaschene, gut abgetropfte, in Würfel geschnittene Leber untermischen.

● Etwa 30 Minuten lang durchziehen lassen und die Füllung bei Bedarf noch mit Weckmehl abbinden.

● Den Backofen auf 200-220 °C vorheizen.

● Die Kalbsbrust nicht zu fest füllen und zunähen.

Auf allen Seiten mit Paprika würzen.

● Butterschmalz in einer großen Bratreine erhitzen, das Fleisch anbraten, Zwiebel und Möhre dazugeben und heiße Fleischbrühe angießen. Die Bratreine in den Backofen schieben, die Temperatur auf 180-200°C herunterschalten und die Kalbsbrust unter mehrmaligem Begießen in 2 - 2 1/2 Stunden fertigbraten.

● Nach Ablauf der Bratzeit auf einer Platte im Backofen ruhen lassen. Den Fond mit der restlichen Brühe aufkochen, durchpassieren, mit Wein abrunden und etwas einkochen lassen.

● Zuletzt den Sauerrahm unterziehen. Die Naht entfernen, den Braten aufschneiden und die Soße separat dazu servieren.

Beilagen: Kräuterflädle, Weckknödel oder Salzkartoffeln, Acker- oder grüner Salat

Linsen mit Spätzle, Speck und Saitenwürstle

ca. 400 g Linsen	2 oder 4 Saitenwürstle (oder Wiener Würstchen)
2 Zwiebeln	Salz
1-2 EL Butterschmalz, ca. 1 EL Mehl	weißer Pfeffer
1 l kräftige Fleischbrühe	2 EL geh. Petersilie
250 g magerer, geräucherter Bauchspeck	200 g vorbereitete Eierspätzle

● Die Linsen waschen und über Nacht in kaltem Wasser einweichen. Die Zwiebeln schälen, feinhacken und in heißem Butterschmalz glasig dünsten. Mit Mehl bestäuben, unterrühren, die Fleischbrühe langsam angießen und dabei kräftig weiterrühren.

● Die Linsen abgießen, dabei einen Teil der Flüssigkeit auffangen und mit dem in Portionen geschnittenen Speck sowie den Gewürzen zur Brühe geben.

● Einmal aufkochen, dann auf niedriger Stufe ca. 20-30 Minuten garziehen lassen. Zwischendurch umrühren und eventuell etwas von der Einweckflüssigkeit angießen. In den letzten 5-10 Minuten die Würste miterhitzen.

● Zuletzt mit gehackter Petersilie bestreuen. nach Belieben die Spätzle untermischen oder separat dazu reichen.

Tip:
Das Gericht wird bekömmlicher, wenn Sie kurz vor dem Servieren etwas Essig und 1 Prise Zucker dazugeben.

„Acker"-Salat (Feldsalat)

250 g Ackersalat (Feldsalat)	Marinade:
1 kleine Zwiebel	2 EL Obst- oder Weinessig
50-60 g magerer Speck	Salz, weißer Pfeffer
1 Scheibe altbackenes Weißbrot	1 Prise Zucker
	4-5 EL Öl

● Den Salat putzen, an der Wurzel knapp abschneiden, die schlechten Blättchen entfernen, dann den Salat waschen, sehr gut abtropfen lassen und in eine Servierschüssel geben.

● Die Zwiebel schälen und fein hacken. Den Speck kleinschneiden, in einer mittleren Pfanne knusprig ausbraten, herausnehmen und die in Würfel geschnittene Brotscheibe im verbleibenden Fett kurz anrösten.

● Inzwischen alle Zutaten für die Marinade mit einem Schneebesen verrühren, zuletzt das Öl unterschlagen. Speck- und Zwiebelwürfel mit der Marinade zum Salat geben, gleichmäßig untermischen. Zuletzt die Brotwürfelchen darüber verteilen und den Salat servieren.

„Schwätziger" Kartoffelsalat
(Nasser Kartoffelsalat)

1 kg festkochende Salatkartoffeln	
Salz, 1 TL Kümmel	
gut 250 ml kräftig abgeschmeckte, heiße Fleischbrühe	
4-5 EL Obstessig	
weißer Pfeffer	
1 Prise Zucker	
1 mittlere Zwiebel	
Senf nach Belieben	
Schnittlauch oder Petersilie	
4-5 EL Öl	

● Die gewaschenen, gebürsteten Kartoffeln in der Schale in Salzwasser mit Kümmel nicht zu weich kochen. Abgießen, abschrecken, pellen und auskühlen lassen. Noch warm in dünne Scheiben schneiden, in eine große Schüssel geben und mit etwas Brühe übergießen.

● Essig, Pfeffer, Zucker, kleingehackte Zwiebel, nach Belieben Senf sowie Schnittlauch oder Petersilie mischen. Zusammen mit der restlichen Brühe unter die Kartoffeln heben und mindestens 20 Minuten zugedeckt durchziehen lassen. Dann erst das Öl darüberträufeln und unterziehen.

Tips:
Saftig wird der Salat nur mit festkochenden Kartoffeln. Wenn Sie zuletzt erst das Öl einarbeiten, können die Gewürze besser in die Kartoffeln einziehen.

Interessant für Sie:
Häufig werden die Pellkar-

toffeln nicht geschnitten, sondern gerieben. Da man zum Sonntagsbraten neben den beliebten Spätzle auch einen Kartoffelsalat braucht, gießt man vom warmen Spätzlewasser etwas über den vorbereiteten Kartoffelsalat, damit dieser noch „schwätziger“ (nass glänzend) wird.

Kartoffelsalat mit Speck
Kartoffelsalat ohne Öl anrichten, stattdessen 175 g durchwachsenen Speck würfeln, in 1-2 EL Öl ausbraten und unter die vorbereiteten Kartoffeln mischen.

Gemischter Kartoffelsalat
Die Kartoffeln mit 1/3 der Menge fein gehobelter Gurke, oder geputztem Feldsalat mischen.

Wirsinggemüse

1 kg frischer Wirsing	Salz
Salzwasser	weißer Pfeffer
175 g magerer Speck, 1 El Butterschmalz	frisch gem. Muskat
ca. 1/4 l kräftige Fleischbrühe	1 EL Stärkemahl, etwas Sahne nach Belieben

● Den Wirsing putzen, schlechte und grobe Blätter entfernen, dann vierteln, den Strunk herausschneiden und das Gemüse gründlich waschen.
● Reichlich gesalzenes Wasser aufkochen, den Wirsing hineingeben und ca. 15 Minuten blanchieren, abgießen, sofort mit kaltem Wasser überbrausen und abtropfen lassen.
● Das Gemüse kleinschneiden oder pürieren. Den Speck würfeln und in einem größeren Topf in heißem Fett knusprig ausbraten. Den Wirsing dazugeben und unter beständigem Rühren ca. 5 Minuten andünsten. Nach und nach die Brühe angießen, gut durchgaren lassen und kräftig abschmecken.
Nach Belieben mit in kalter Sahne angerührtem Stärkemehl binden.

Herzhafter Spätzlesalat

400 g vorbereitete Spätzle	3-5 EL Öl
2 dünne Stangen Lauch	2-3 EL Essig
250 g Landjäger (geräucherte Würstchen)	1 TL mittelscharfer Senf
1 rote Paprikaschote	Salz, frisch gem. Pfeffer

● Die vorbereiteten Spätzle in eine Schüssel geben.
● Den Lauch putzen, der Länge nach aufschlitzen, gründlich ausspülen und in feine Ringe schneiden, diese für etwa 1/2 Minute in heißem Wasser blanchieren, abschrecken und sehr gut abtropfen lassen.
● Die Landjäger falls nötig häuten und dann in kleine

Würfel schneiden. In einer beschichteten Pfanne einige Minuten lang knusprig ausbraten. Auf Küchenpapier abtropfen lassen.
● Die Paprikaschote putzen, waschen und in kleine Würfel schneiden.
● Essig, Öl, Senf und Gewürze cremig verrühren. Mit allen anderen Zutaten zu den Spätzle geben, sehr gut durchmischen und vor dem Servieren einige Stunden im Kühlschrank durchziehen lassen.

Spargel mit Buttersauce

1,2-1,5 kg Spargel

30-40 g Butter, Salz

1 Prise Zucker

Sauce:
3 Eigelb

1 EL Wasser

1 EL trockener Weißwein

1 EL Zitronensaft

je 1 Prise Salz, Pfeffer, Zucker

125 g lauwarme, zerlassene Butter

● Den Spargel schälen, die trockenen oder holzigen Endstücke großzügig abschneiden, dann die Stangen kalt abspülen. In einen länglichen halbhohen Topf legen und knapp mit Wasser bedecken. Butter, Salz und Zucker hinzufügen. 20-25 Minuten dünsten, dabei ein- bis zweimal wenden. Falls erforderlich, zwischendurch nochmals etwas Wasser angießen.

● Für die Sauce in einer Edelstahlschüssel die Eigelbe mit Wasser, Wein, Zitronensaft und den Gewürzen sehr schaumig schlagen. Hiertür am besten einen Schneebesen einsetzen. Die Schüssel in ein Wasserbad setzen, die Temperatur unter dem Kochpunkt halten und die Sauce unter beständigem Rühren zu einer dickcremigen Masse aufschlagen.
Anschließend die lauwarme Butter löffelweise unterziehen.

● Den Spargel auf vorgewärmten Tellern oder einer Platte anrichten, mit etwas Sauce überziehen und die restliche Sauce separat dazu reichen.

Beilage: kleine Pellkartoffeln oder „Kratzete“ (s. S. 63) oder Kräuter-Flädle (s. S. 64), gekochter oder roher Schinken

Tips:
Da er ein mildwürziges Aroma aufweist, passt der Schwarzwälder Schinken besonders gut zum Spargel. Anstelle der Buttersauce können Sie auch ein Fertigprodukt, beispielsweise „Thomy-Les Sauces Hollandaise“, einsetzen.

Saftiges Weinkraut

1 kg Sauerkraut	1 Lorbeerblatt
100 ml trockener Weißwein	1 Knoblauchzehe
Wasser, Salz, Pfeffer	5-6 Pfefferkörner
2 kleine Zwiebeln	2-3 Wacholderbeeren

● Das Kraut in einen Topf geben, Wein und so viel Wasser dazu, bis es knapp bedeckt ist. Geschälte, geachtelte Zwiebeln, Lorbeerblatt, gepreßte Knoblauchzehe, Pfefferkörner und Wacholderbeeren dazugeben.

● Im geschlossenen Topf 30-40 Minuten garen. Mit Salz und Pfeffer gewürzt servieren.

Bietigheimer „Laubfrösche“

(Spinat-Rouladen)

- 16 große Spinat- oder Mangoldblätter
- 250 g gekochtes oder gebratenes Fleisch
- 1 Wecken (Brötchen)
- 1 Ei
- 1 kleine Zwiebel
- Salz, weißer Pfeffer, ger. Muskat
- 2 EL geh. Petersilie
- 50 g Butterschmalz
- ca. 1/4 l Fleischbrühe
- 2-3 EL saurer Rahm

● Das Gemüse putzen, gründlich waschen, in kochendem Wasser kurz überbrühen, dann auf der Arbeitsfläche ausbreiten.

● Das Fleisch sehr fein schneiden oder durch den Fleischwolf drehen. Mit dem eingeweichten, gut ausgedrückten Wecken, dem Ei und der geschälten, feingehackten Zwiebel gut durchmischen. Kräftig würzen.

● Auf je 2 zusammengelegte Gemüseblätter ca. 1 EL Füllung geben, aufrollen und mit Küchengarn oder Zahnstochern befestigen.

● In einem großen, halbhohen Topf das Fett erhitzen, die Laubfrösche darin kurz anbraten, mit Fleischbrühe auffüllen und die Rouladen ca. 20 Minuten garen.

● Aus dem Topf heben, auf vorbereitete Teller legen, die Brühe abschmecken mit Rahm verfeinern und über das Gemüse verteilen.

Beilage: Kartoffelbrei

Krautwickel

1 mittelgroßer Weißkrautkopf

Salzwasser zum Kochen

Füllung:
500 g gemischtes Hackfleisch

2 Eier

1/2 Bund geh. Petersilie

1 Zwiebel

1 kleine Knoblauchzehe

30 g Weckmehl

Salz, weißer Pfeffer

1 Prise Cayennepfeffer

zum Braten:
8 dünne Speckscheiben

1/8-1/4 l Fleischbrühe

150 g gemischte Pilze

100 g Sauerrahm (saure Sahne)

1 1/2 EL Stärkemehl

1 EL geh. Schnittlauch

● Vom geputzten Krautkopf den Strunk auslösen, dann ca. 15 Minuten in reichlich Salzwasser kochen, herausnehmen und ca. 8 größere Blätter ablösen.

● Für die Füllung alle Zutaten verkneten und pikant abschmecken. Auf die Krautblätter verteilen, vom Rand her einschlagen, aufrollen und mit je einer Speckscheibe umwickeln, dann festbinden.

● In einem größeren Schmortopf das Butterschmalz erhitzen, die Krautwickel darin anbraten, mit Brühe ablöschen und mit Salz sowie Pfeffer würzen.

● Zugedeckt bei mittlerer Hitze in ca. 30 Minuten weichgaren. Etwa 10 Minuten vorher die Pilze dazugeben. Die Krautwickel herausnehmen und auf einer Platte anrichten. Sauerrahm mit Stärkemehl verrühren und die Soße damit binden. Zuletzt den Schnittlauch dazugeben.

Beilage: Kartoffelpüree mit gerösteten Zwiebelringen.

Interessant für Sie:
Typisch schwäbisch sind auch die „Filderkrautwickel", die in den Spätsommer-Monaten aus frischem Spitzkohl in gleicher Weise zubereitet werden.

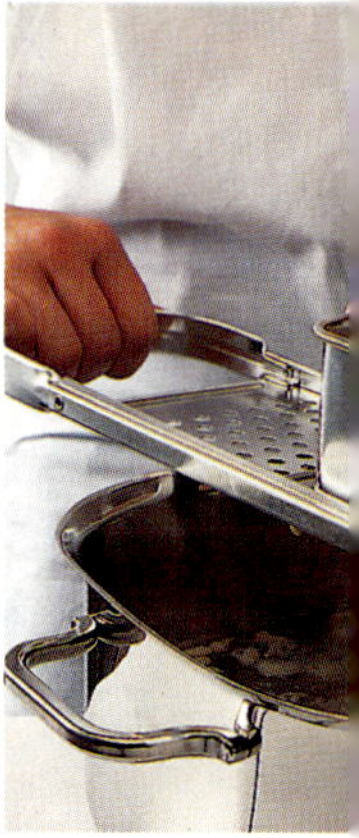

„Spätzle“ (Handgeschabte Nudeln)

- 400 g Mehl
- 4 Eier
- ca. 1/8 l Wasser, 1 TL Salz
- 4 l Salzwasser zum Kochen, etwas Öl
- 50-100 g Butter

● Mehl, Salz und Eier verrühren, dabei löffelweise das Wasser dazugeben. Den Teig aufschlagen, bis er Blasen wirft und anschließend ca. 15 Minuten zugedeckt ruhen lassen.

● Inzwischen reichlich gesalzenes Wasser mit etwas Öl aufkochen.

Ein Spätzlebrett (oder ein normales Brett) sowie einen Spätzleschaber (oder ein längliches Küchenmesser) kurz eintauchen. DenTeig portionsweise auf das Brett geben, dieses leicht schräg halten und mit dem Messer den Teig in schmalen Streifen, mehr schabend als schneidend, sogleich in das heiße Wasser gleiten lassen.

● Jede Portion je nach Dicke 1-3 Minuten leise kochen, bis sie an die Oberfläche steigt.

● Mit Hilfe eines Schaum-

löffels herausheben, auf ein Sieb geben, kalt überbrausen und gut abtropfen lassen. Den Teig portionsweise aufbrauchen.

● Zuletzt die so zubereiteten Spätzle in heißer Butter kurz erwärmen.

Tips:
Für die leichtere Zubereitung dieser typisch schwäbischen Spezialität sind auch diverse Küchenhelfer bestens einsetzbar: Ein spezieller Spätzlehobel oder eine -presse sowie ein großlochiges Spätzlesieb sind hierfür besonders praktisch.

Interessant für Sie:
„Spätzle" und „Knöpfle" unterscheiden sich in der schwäbischen Küche dadurch, daß bei gleicher Teigzubereitung die „Spätzle" von Hand auf einem Holzbrett geschabt oder durch ein spezielles „Spätzlesieb" gedrückt, ins Wasser gegeben werden. Die „Knöpfle" hingegen sind kleine, von Hand abgestochene, in Salzwasser gekochte Teignocken, Sie können alternativ auch durch ein recht großlochiges Sieb - z.B. ein Salatsieb - in das heiße Wasser gegeben werden. Der Unterschied liegt somit nicht in der Zutatenkombination, sondern in der Art der Zubereitung.

Spinatspätzle

400 g Mehl, 4 Eier	1 TL Salz, weißer Pfeffer nach Belieben
250 g passierter, gut abgetropfter Spinat	2 EL ger. Emmentaler
40 g zerlassene Butter	2 EL geröstete Zwiebeln

● Aus Mehl, Eiern, Spinat, Salz und Pfeffer einen zähflüssigen Teig anrühren und etwa 10 Minuten lang durchziehen lassen.

● Durch ein großlochiges Sieb in reichlich kochendes Salzwasser drücken. Je nach Dicke ca. 2-4 Minuten kochen lassen, mit einem Schaumlöffel herausheben, auf ein Sieb geben, kalt überbrausen und abtropfen lassen. Den Teig portionsweise zubereiten.

● Vor dem Anrichten die Spinatspätzle in heißer, zerlassener Butter schwenken und mit gerösteten Zwiebeln bestreut servieren.

Krautspätzle

Spätzle (Grundrezept S. 52)	500 g frisches Sauerkraut, gut abgetropft
60 g Schmalz	Salz, 1 Prise Zucker
2 mittlere Zwiebeln	

● Aus den Zutaten, wie im Grundrezept beschrieben, einen Spätzleteig zubereiten. Die Spätzle kochen, dann abtropfen lassen, jedoch nicht überbrausen.

● 30 g Schmalz in einer großen Pfanne erhitzen, die geschälten und grob gewürfelten Zwiebeln darin glasig dünsten. Das aufgelockerte Sauerkraut dazugeben, unter beständigem Wenden miterhitzen und mit Salz sowie etwas Zucker würzen.

● Die Spätzle in einer weiten Pfanne mit dem restlichen Schmalz goldbraun rösten, unter das Kraut mischen und alles nochmals kräftig durcherhitzen, dann servieren.

Saure Spätzle

1 große Zwiebel	1 kl. Lorbeerblatt
ca. 40 g Butter	1-2 Gewürznelken
ca. 30 g Mehl	2-3 EL saure Sahne
1/2 l kräftige Fleischbrühe	Spätzle
1 EL Essig	(Grundrezept S. 52)

● Die Zwiebel schälen, fein hacken und in heißer Butter goldbraun rösten. Mit Mehl bestreuen, weiterrösten, von der Kochstelle nehmen und mit der Fleischbrühe ablöschen. Dabei kräftig umrühren.

● Einmal aufkochen lassen, Essig sowie Gewürze dazugeben, dann auf niedriger Stufe in ca. 30 Minuten zu einer sämigen Sauce kochen. Dabei immer wieder einmal gut durchrühren.

● Inzwischen die Spätzle zubereiten. Zuletzt den sauren Rahm in die Sauce einrühren, diese über die Spätzle verteilen und sofort servieren.

„Kässpätzle"

Spätzle (Grundrezept S. 52)	Emmentaler Käse
200 g grob geriebener	250 g Zwiebeln, 50 g Butter

● Aus den angegebenen Zutaten, wie im Grundrezept beschrieben, einen Spätzleteig zubereiten und die Spätzle kochen, dann abtropfen lassen, jedoch nicht überbrausen.

● In eine Servierschüssel abwechselnd Spätzle sowie frisch geriebenen Käse einfüllen. Zuletzt mit einer Schicht Käse bedecken und warmstellen.

● Die Zwiebeln schälen, in feine Ringe schneiden, dann in einer größeren Pfanne die Butter erhitzen und die Zwiebelringe darin goldbraun rösten. Über die angerichteten Spätzle geben und sofort servieren.
Beilage: Grüner Salat.

Leberspätzle

250 g Rinderleber	2 EL geh. Petersilie
250 g Mehl	etwas Wasser
1 Ei	ca. 80 g Butter
1 Prise Salz	3-4 EL Weckmehl

● Die Leber kurz kalt abspülen, mit Küchenpapier trockentupfen, häuten, durch den Fleischwolf drehen oder im Mixer grob pürieren. Mit Mehl, Ei, Salz, Petersilie sowie bei Bedarf etwas Wasser zu einem geschmeidigen Spätzleteig verarbeiten.
● Mindestens 30 Minuten lang stehen lassen, dann durch ein großlochiges Sieb in reichlich kochendes Salzwasser drücken. Bis zu 10 Minuten garziehen, mit einem Schaumlöffel herausheben, auf ein Sieb geben, kalt überbrausen und abtropfen lassen. Den Teig portionsweise zubereiten.
● Vor dem Anrichten in Butter geröstetes Weckmehl darüber verteilen.

„Maultäschle" (Gefüllte Nudeltaschen)

Teig: 500 g Mehl, 3 Eier	4 EL geh. Petersilie
1 TL Salz, ca. 100 ml Wasser	150 g Kalbsbratwurstmasse (Brät)
Mehl zum Ausrollen	150 g gem. Hackfleisch
Füllung: 1 1/2 EL Butter	Salz, Pfeffer, frisch ger. Muskat
4 mittlere Zwiebeln	1 EL und 2 EL Weckmehl nach Bedarf
100 g magerer, geräucherter Speck	Außerdem: ca. 1 1/2 l gehaltvolle Brühe
300 g Blattspinat (frisch oder aufgetaut)	1 Bund Schnittlauch

● Mehl, Eier, Salz sowie Wasser in eine Rührschüssel geben und mit dem Elektroquirl mit Knethaken

zu einem glatten Teig verarbeiten. Diesen zugedeckt ca. 30 Minuten lang ruhen lassen. Anschließend den Teig in 5-6 Teile aufschneiden und diese einzeln ca. 3 mm dünn auf einem bemehlten Brett ausrollen (oder wie Strudelteig ausziehen). Daraus Teigplatten von 10x10 cm Größe schneiden.

● Die Zwiebeln schälen und fein hacken. Den Speck kleinwürfeln und beides für 5-8 Minuten offen in heißer Butter anschwitzen. Dabei gelegentlich umrühren.

● Frischen, blanchierten oder aufgetauten und feingehackten Spinat sowie Petersilie, Brät und Hackfleisch dazugeben. Gut durchbraten, zum Abkühlen beiseite stellen, kräftig würzen und nach Bedarf zuletzt mit Ei sowie Weckmehl abbinden.

● Die Füllung gleichmäßig auf die Teigstücke verteilen (ca. 1 EL/Platte). Die Ränder mit kaltem Wasser bestreichen, die Teigtaschen zusammenklappen und in den Randbereichen so festdrücken, daß sie sich beim Kochen nicht mehr öffnen können.

● Die gut gewürzte Brühe erhitzen, die Maultaschen vorsichtig einlegen, einmal kurz aufkochen lassen, dann bei geöffnetem Deckel in ca. 15-20 Minuten fertiggaren.

● Frisch gehackten Schnittlauch dazugeben und die Maultaschen in der Brühe servieren.

Anmerkung: Pro Person rechnet man 2-3 Stück.

Interessant für Sie:
Maultaschen galten ursprünglich als Fastenspeise. Nach alter Überlieferung heißt es, daß die Mönche des Klosters Maulbronn im Dreißigjährigen Krieg aus einem geschenkten Stück Fleisch mittels Zerhacken und „Verpacken“ in Teig ein geeignetes Gericht herstellen wollten, das auch noch den Fastenregeln entsprach. So kam es zur Entstehung der „Maul“ (bronner)- Taschen oder kurz gesagt „Maultaschen“.

Geschmälzte Maultaschen

Maultaschen (Rezept s. S. 56)	50-60 g geräucherter, durchwachsener Speck
3-4 mittlere Zwiebeln	4 EL Weckmehl (Semmelbrösel)

● Die, wie im Grundrezept beschrieben, vorbereiteten Maultaschen in reichlich gesalzenem Wasser garkochen.

● Inzwischen die Zwiebeln schälen, in dünne Ringe schneiden und zusammen mit dem feingewürfelten Speck sowie dem Weckmehl in einer mittleren Pfanne goldgelb rösten.

● Die Maultaschen aus der Kochflüssigkeit heben, gut abtropfen lassen, auf Tellern anrichten und die Speck-Zwiebelmischung gleichmäßig darüber verteilen. Noch heiß servieren.

Beilage: Gemischter Salat

Geröstete Maultaschenstreifen

8 Maultaschen	weißer Pfeffer
6 EL Butter	Salz
2 Eier	1-2 EL geh. Petersilie

● Die bereits vorgegarten, kalten Maultaschen in fingerdicke Streifen schneiden.

● Die Butter in einer größeren Pfanne zerlassen, die Streifen hineingeben und von beiden Seiten hellbraun rösten.

● Die Eier mit den Gewürzen verquirlen, darübergießen und weitergaren, bis sie gestockt sind.

● Auf einer Platte anrichten und mit gehackter Petersilie bestreuen.

Beilage: Kartoffel- oder Blattsalat

„Buabaspitzla“

(Fingernudeln aus Kartoffelteig)

400 g vorwiegend festkochende Kartoffeln
1 Ei
150 g Mehl, 1 Prise Salz
Pfeffer, frisch gem. Muskat
etwas Milch oder Wasser
Mehl zum Ausrollen
80 - 100 g Butterschmalz
2 EL geh. Petersilie

● Die Kartoffeln waschen, in der Schale als Pellkartoffeln kochen, abschälen, auskühlen lassen, dann fein reiben oder durch eine Kartoffelpresse drücken. Gut auskühlen lassen.

● In eine große Rührschüssel geben, Ei Mehl sowie Gewürze hinzufügen und unter Zugabe von etwas kalter Milch oder Wasser zu einem eher festen Kartoffelteig verkneten.

● Dabei am besten den elektrischen Handquirl mit Knethaken einsetzen.

● Den Teig zugedeckt ca. 20 Minuten stehen lassen, dann auf bemehlter Arbeitsfläche zu einer 3 cm dicken Rolle formen und davon 1 cm dicke Scheiben abschneiden. Aus den einzelnen Scheiben fingerlange „Nudeln“ formen und portionsweise in reichlich kochendes Salzwasser geben. So lange garen, bis sie an die Oberfläche steigen.

● Mit einem Schaumlöffel

herausheben, kalt überbrausen und gut abtropfen lassen, ggf. mit Küchenpapier trockentupfen.

● Das Butterschmalz in einer größeren Pfanne erhitzen und die Kartoffelnudeln darin rundherum golbraun abschmälzen. Mit gehackter Petersilie bestreut servieren.

Tips: Man kann beim Abschmälzen der Fingernudeln geriebenen Emmentalerkäse darüberstreuen und alles zusammen knusprig braun braten. Diese Variation ist vor allem in Südschwaben sehr beliebt. In anderen Regionen werden sie gerne auf Sauerkraut angerichtet.

Weckknödel

8-10 altbackene Wecken (Brötchen)	1/2 Bund geh. Petersilie
ca. 300 ml lauwarme Milch	ca. 40 g Butter
Salz, weißer Pfeffer	4 Eier, 2-3 EL Mehl
frisch gem. Muskat	Weckmehl bei Bedarf
1 kleine Zwiebel	ca. 3 l Salzwasser zum Kochen

● Die Wecken blättrig oder würfelig schneiden und in eine große Rührschüssel geben. Die Milch mit den Gewürzen verrühren und gleichmäßig darüber verteilen. Gut durchmischen und anschließend ca. 20-30 Minuten durchziehen lassen.

● Die geschälte, gehackte Zwiebel in heißer Butter glasig dünsten. Die Petersilie dazugeben, kurz mitdünsten und dann zu den Wecken geben. Eier mit Mehl verquirlen, ebenfalls dazugeben und alles zu einer geschmeidigen Masse verarbeiten.

● Nochmals ca. 20 Minuten durchziehen lassen, ist

die Masse dann eventuell noch zu weich, einfach 1-2 EL Weckmehl zum Abbinden untermischen.

● Mit nassen Händen gleichgroße Knödel formen, diese in das kochende Salzwasser einlegen, die Kochstelle herunterschalten und die Knödel in ca. 15-20 Minuten garziehen lassen.

● Mit Hilfe einer breiten Schaumkelle herausheben und sofort anrichten.

Empfehlung:
Weckknödel passen als Beilage zu Braten mit viel Sauce (Rinder- oder Kalbsbraten), zu Geflügel wie Gans oder Ente, zu Wild und Gulasch.

Apfel-„Kratzete"

(Eierschmarrn, zerteilter Pfannkuchen)

200 g Mehl	6 Eigelb, 6 Eiweiß
1/4 l Milch, 1 Prise Salz	1 TL Zitronensaft
2 EL Puderzucker, 1 Pa. Vanillezucker	ca. 50 g Butterschmalz zum Ausbacken
abger. Schale 1/2 unbehandelten Zitrone	ca. 50 g Rosinen
	ca. 250 g säuerliche Äpfel

● Gesiebtes Mehl, Milch, Salz, Puder- und Vanillezucker sowie abgeriebene Zitronenschale verrühren. Nach und nach die Eidotter dazugeben und weiterrühren, dann die Mischung ca. 20 Minuten stehen lassen. Vorsichtig unter den Teig heben. Die Äpfel schälen, vierteln, vom Kerngehäuse befreien, grob raspeln und untermischen.

● In einer großen Pfanne das Butterschmalz erhitzen, den Teig hineingeben und die gewaschenen, gut abgetropften Rosinen darüber verteilen.

● Auf einer Seite goldgelb backen, wenden, noch etwas backen lassen, dann mit Hilfe von 2 Gabeln in Stücke zerteilen und unter weiterem Wenden fertigbacken.

Tip:
Salzige „Kratzete", d.h. ohne Zucker, Rosinen sowie Äpfel zubereitet, sind sie eine typische Beilage zum Spargel.

„Kräuterflädle“
(Kräuterpfannkuchen)

6 Eier
200 g Mehl
150 g frisch gehackte Kräuter der Saison (z.B. Petersilie, Schnittlauch, Kerbel, Sauerampfer, Kresse)
Salz
2-3 EL Butterschmalz

● Die Eier in eine Rührschüssel geben und mit dem Elektroquirl mit Schlägern cremig aufschlagen. Gesiebtes Mehl sowie gewaschene, trockengetupfte und anschließend kleingehackte Kräuter dazugeben, dann salzen. Unter beständigem Weiterrühren einen cremigen Teig herstellen und ca. 30 Minuten kühl ruhen lassen.

● In einer beschichteten Pfanne mit etwas Butterschmalz dünne „Flädle“ (Pfannkuchen) ausbacken und noch warm servieren.

Tips:
Die „Flädle“ sofort nach dem Backen zusammenrollen und in schmale Streifen schneiden. So erhalten Sie eine interessante Beilage zu Fleischgerichten mit Sauce (Rahmschnitzel, gefüllte Kalbsbrust) oder zum Spargel. Wenn Sie die „Flädle ohne Zugabe der Kräuter zubereiten und mit „Gsälz“ (dünnflüssige Marmelade) füllen, erhalten Sie eine typische Nachspeise.

Leinfeldener Apfelküchle
(Gebackene Apfelringe)

4 mittelgroße Äpfel
Saft 1 Zitrone
<u>Backteig:</u> 175 g Mehl, 1 Prise Salz
75 g Zucker
2 Eigelb, 1 EL Öl
1/4 l helles Bier
2 Eiweiß
500 g Butterschmalz zum Ausbacken
Mehl zum Wenden
Puderzucker z. Bestreuen

● Die Äpfel waschen, schälen, mit einem Apfelausstecher das Kerngehäuse vollständig entfernen, dann die Äpfel in ca. 1 cm dicke Scheiben schneiden. In eine Schüssel legen und sofort mit Zitronensaft beträufeln, damit sie nicht braun werden.

● Das Mehl in eine Schüssel sieben, Salz, Zucker sowie Eigelb hinzufügen. Unter Beigabe von Öl und Bier zu einem geschmeidigen Teig verrühren. Die Eiweiße steif schlagen und unterziehen.

● Das Butterschmalz erhitzen, die Apfelscheiben in Mehl wenden, durch den Backteig ziehen und schwimmend von jeder Seite 1-2 Minuten goldgelb backen.

● Die Apfelküchle mit Hilfe eines Schaumlöffels herausheben, auf Küchenpapier abtropfen lassen, mit Puderzucker bestreuen und noch warm servieren.

Tip:
Möchten Sie die Apfelküchle für Kinder zubereiten, so können Sie das Bier für den Backteig auch durch einen mit Mineralwasser gemischten Apfelsaft ersetzen.

Pfitzauf

1/2 l Milch	50 g weiche Butter oder Margarine
1/2 TL Salz	Puderzucker z. Bestreuen
4 Eier	Obstkompott als Beilage
250 g Mehl	

● Milch, Salz sowie Eier in eine hohe Rührschüssel geben und mit dem Elektroquirl aufschlagen. Portionsweise das gesiebte Mehl hinzufügen, unterrühren und zuletzt die weiche Butter einarbeiten.

● Die speziellen Pfitzauf-Förmchen einfetten, die Masse bis zur Hälfte einfüllen und bei 190 - 210 °C in ca 50 Minuten backen.

● Die Teigstücke aus der Form lösen, auf ein Kuchengitter stürzen und mit Puderzucker bestreuen. Noch warm mit Obstkompott servieren.

Tips:
Sollten Sie keine spezielle Pfitzauf-Form besitzen, so können Sie auch ausgefettete Becher oder Soufflèe-Förmchen aus hitzebeständigem Porzellan verwenden. Wichtig ist, den Teig nur zur Hälfte einzufüllen, da er stark aufgeht. Der Pfitzauf ähnelt dem Windbeutel und läßt sich daher auch aufschneiden und mit süßer, geschlagener Sahne füllen.

„Holunderküchle“
(Gebackene Holunderdolden)

12 frische Hollunderblüten	3 EL Rum, 2 TL Öl
Backteig: 200 g Mehl	Salz, Zucker
2-3 Eier	Fett zum Ausbacken (z.B. Butterschmalz)
1/8 l Milch	Staubzucker z. Bestreuen.

● Die Holunderblüten bis auf einen etwa 15 cm langen Stengel abschneiden, dann kurz kalt abspülen

und gut ausschütteln.

● Mehl, Eier, Milch, Rum, Öl sowie Salz zu einem dickflüssigen Backteig verrühren und mindestens 30 Minuten lang ziehen lassen.

● Das Ausbackfett erhitzen. Die Hollunderblüten am Stengel anfassen, einzeln in den Teig eintauchen und, in heißem Fett schwimmend, hellgelb ausbacken.

● In Staubzucker wenden und noch heiß servieren.

Tip:
Man kann den Teig für die Küchle variieren, indem man anstelle der Milch die gleiche Menge Wein verwendet.

Raffinierte Weincreme

4 Eigelb	4-6 Blatt weiße Gelatine
100-120 g Zucker	4 Eiweiß
1/2 l trockener Weißwein	150 ml süße Sahne
Saft 1 Zitrone	1 1/2 TL Zucker

● Eigelb und Zucker sehr schaumig rühren. Hierzu am besten den Elektroquirl einsetzen. Wein und Zitronensaft unterrühren. Die kalt eingeweichte Gelatine in etwas heißem Wasser auflösen und unter die Creme geben. Kalt stellen.

● Eiweiß steif schlagen, unter die inzwischen halbfeste Masse rühren, dann die Creme bis zum vollständigen Festwerden weiterkühlen.

● Mit gesüßter Schlagsahne garniert servieren.

Süße Kaffeebrezeln

200 g Mehl	1 Prise Salz
100 g gem. Mandeln	150 g Butter, 1 Eiweiß
100 g Zucker	2 EL Puderzucker zum Bestäuben
2 Vanilleschoten	

● Mehl, Mandeln, Zucker, das ausgeschabte Mark der Vanilleschoten, Salz und weiche Butter in eine

Schüssel geben und mit dem Elektroquirl mit Knethaken gut durcharbeiten.

● Das Eiweiß halbsteif schlagen und in den Teig kneten. Daraus eine Rolle von ca. 4 cm Ø formen, in Klarsichtfolie einwickeln und im Kühlschrank für ca. 60 Minuten ruhen lassen.

● Vom Teig ca. 5 cm dicke Scheiben abschneiden, diese zu langen dünnen Röllchen und anschließend zu Brezeln formen.

● Auf einem mit Backpapier ausgelegten Backblech in ca. 15 Minuten bei 200-220 °C (vorgeheizt) abbacken.

● Die fertigen Brezeln mit reichlich Puderzucker bestreuen.

„Zimtsternle“

4 Eiweiß	1 EL Zimt
300 g Zucker	Mehl, 50 g gemahlene Mandeln und 2 EL Zucker zum Ausrollen
2 TL Zitronensaft	1 Pa runde Oblaten
375-400 g gemahlene Haselnüsse	

● Eiweiß zu sehr steifem Schnee schlagen, den Zucker nach und nach einrieseln lassen und unter Zugabe von Zitronensaft zu einer schnittfesten, glänzenden Masse schlagen.

● Von der Schaummasse ca. 1/2 Tasse für den Guß wegnehmen. Unter die restliche Menge Zimt und gemahlene Haselnüsse mischen.

● Den Backofen auf 130-150 °C vorheizen. Mehl, gemahlene Mandeln und Zucker mischen und auf der Arbeitsfläche oder auf einem Backbrett verstreuen.

● Den Teig ca. 1 cm dick darauf ausrollen. Kleine „Sterne“ ausstechen, diese auf Oblaten setzen und mit der zurückbehaltenen Eimasse bestreichen.

● In 40-45 Minuten mehr trocknen als backen.

Menge: ca. 45 Stück

Tip:
Die Glasur der Zimtsterne sollte weiß bleiben. Kontrollieren Sie daher zwischendurch und schieben Sie, falls notwendig, zur Abschirmung der Oberhitze ein zweites Blech ein oder lassen Sie die Backofentür einen Spalt offen (Holzlöffel einklemmen).

„Springerle“ (Eiweißgebäck)

4 Eier, 500 g Zucker	500 g Mehl
1Pa Vanillezucker	1 Msp. Hirschhornsalz
1 Prise Salz	2 EL Anis

● Eier, Zucker, Vanillezucker und Salz sehr schaumig rühren. 2/3 der gesiebten Mehlmenge mit

Hirschhornsalz mischen und unterrühren. Das restliche Mehl unterkneten. Zugedeckt kühl stellen.

● Den Teig ca. 1 cm dick ausrollen, in einen mit Mehl bestäubten Springerle-Model pressen, wieder abheben und die einzelnen Stücke auseinanderschneiden.

● Ein gut eingefettetes Backblech mit Anis bestreuen, die Springerle auflegen und für ca. 20 Stunden an einem warmen Ort trocknen lassen, dann bei 140-160 °C (vorgeheizt) in ca. 30 Minuten langsam backen.

Tip:
Wenn Sie nach ca. 10 Minuten ein leeres Backblech (oder die Bratpfanne) zum Abdecken der Oberhitze einschieben, dann bleiben die Springerle auf der Oberseite schön weiß.

Schwäbischer Rahmkuchen

Mürbeteig: 300 g Mehl	1/8 l Sauerrahm (saure Sahne)
150 g Butter oder Margarine	1 Prise Salz
80 g Zucker	1 unbehandelte Zitrone
1 Ei, 1 Prise Salz	75 g Stärkemehl
Rahmmasse: 5-6 Eier	100 g Butter
250 g Zucker	250 g abgetropfte Kirschen
750 g Quark (20% Fettgehalt)	2-3 EL Weckmehl (Paniermehl)
	Puderzucker zum Bestreuen

● Für den Mürbeteig das Mehl in eine Schüssel sieben, eine Mulde eindrücken, in Stückchen zerteilte Butter, dazu Zucker, Ei und Salz hinzufügen. Mit dem Elektroquirl mit Knetern zu einem geschmeidigen Teig verarbeiten und diesen ca. 30 Minuten lang, in Folie eingewickelt, im Kühlschrank ruhen lassen.

● Inzwischen die Eier

trennen. Eigelb mit Zucker schaumig schlagen. Quark, Sauerrahm und Salz untermischen. Abgeriebene Schale sowie Saft der Zitrone, Stärkemehl und Butter hinzufügen und unterrühren. Steif geschlagenes Eiweiß sowie die gut abgetropften Kirschen zuletzt kurz unterheben.

- 2/3 des Mürbeteiges in eine große Backform (Ø 30 cm) geben. Den restlichen Teig zu einer Rolle formen und am Rand hochdrücken. Mit einer Gabel mehrfach einstechen und mit Weckmehl bestreuen.
- Die Rahmmasse daraufgeben und den so vorbereiteten Kuchen bei 180-210 °C in 50-60 Minuten backen.
- Nach Ablauf der Backzeit noch ca. 20 Minuten im ausgeschalteten Backofen stehen lassen.
- Abgekühlt aus der Form lösen und mit Puderzucker bestreut servieren.

Interessant für Sie:
In Deutschland gibt es viele Käsekuchen-Variationen, jedoch nirgendwo sind die Kuchen so saftig wie in Schwaben. An Eiern und Sahne oder Rahm darf nicht gespart werden, damit der Kuchen auf's Beste gelingt. Dieses Rezept ist daher ein typisches Beispiel für eine beliebte Back-Spezialität.

Apfeltorte mit Rahmguß

<u>Teig:</u>
250 g Mehl, 1 Prise Salz

125 g Zucker, 1 Ei

125 g kalte Butter oder Margarine

Mehl zum Ausrollen

<u>Belag:</u>
50 g gem. Haselnüsse oder Mandeln

20 g Weckmehl

1 kg säuerliche Äpfel

<u>Rahmguß:</u>
4 Eigelb

100 g Puderzucker

4 Eiweiß,1 Prise Salz

abgeriebene Schale 1/2 unbehandelten Zitrone

1/4 l süße Sahne

75 g gem. Haselnüsse

30 g flüssige Butter

Puderzucker z. Bestreuen

● Für den Teig gesiebtes Mehl mit Salz sowie Zucker in eine hohe Rührschüssel oder in die Schüssel der Küchenmaschine geben. Ei und das in Stückchen zerteilte Fett zufügen. Alles sehr schnell zu einem geschmeidigen Mürbeteig verkneten. Falls erforderlich, von Hand nochmals nacharbeiten, dann zu einer Kugel formen und zugedeckt ca. 30 Minuten im Kühlschrank ruhen lassen.

● Anschließend auf einer leicht bemehlten Arbeitsfläche dünn ausrollen und eine Springform (Ø 28 cm) aus dunklem Metall damit auskleiden. Dabei einen ca. 3 cm hohen Rand formen. Den Boden mit Hilfe einer Gabel mehrfach einstechen und mit gemahlenen Haselnüssen oder Mandeln sowie Weckmehl gleichmäßig ausstreuen.

● Die Äpfel schälen, vierteln, vom Kerngehäuse befreien und an der Außenseite mehrfach leicht einritzen. Dicht nebeneinander in die Form geben. Für den Rahmguß Eigelb mit dem Elektroquirl schaumig schlagen. Dabei nach und nach etwa die Hälfte des Puderzuckers einrieseln lassen. Die Schläger gründlich abspülen und die Eiweiß mit dem Salz sowie dem restlichen Puderzucker schnittfest schlagen. Mit abgeriebener Zitronenschale würzen. Unter die Eigelbmasse heben und zuletzt gemahlene Haselnüsse unterziehen. Die Äpfel mit der flüssigen Butter bestreichen, den Rahmguß darüber verteilen und die Torte bei 180-200 °C im vorgeheizten Backofen in ca. 50-60 Minuten backen.

● Nach Ablauf der Zeit den Backofen ausschalten und den Kuchen noch mind. 20 Minuten nachziehen lassen. Abgekühlt mit reichlich Puderzucker bestreuen.

Tips:
Zu dieser saftigen Torte servieren Sie am besten mit Vanillemark sowie Vanillezucker gesüßte Schlagsahne. Die Äpfel können Sie beliebig auswählen, neben Delicious eignen sich auch Cox orange, Gravensteiner oder Jona Gold.

„Träubleskuchen"
(Johannisbeerkuchen)

Teig:	Belag:
250 g Mehl	2-3 EL gem. Mandeln
1 Msp. Backpulver	500 g frische Johannisbeeren
80 g Zucker	4-6 Eiweiß (Eiklar)
1 Ei, 1 Prise Salz	200-250 g Zucker
125 g Butter oder Margarine	125-150 g gem. Mandeln

● Aus den angegebenen Zutaten einen Mürbeteig, wie auf der Seite 71 beschrieben, zubereiten und kaltstellen.

● 2/3 der Teigmenge auf dem Boden einer ungefetteten Springform (Ø 26 cm) ausrollen. Den restlichen Teig zu einer Rolle formen, an den Rand der Backform legen und mit den Händen ca. 2-3 cm am Formenrand hochdrücken. Den Teigboden mehrfach mit einer Gabel einstechen und mit Mandeln bestreuen.

- Die Beeren abzupfen, waschen und gut abtropfen lassen. Eiweiß zu Schnee schlagen, den Zucker unter weiterem Schlagen einrieseln lassen, dann Mandeln und Beeren vorsichtig unterheben.
- Die Masse sofort in die Form füllen und bei 170-190 °C in 65-75 Minuten backen.

Variation:
Anstelle von Johannisbeeren können Sie auch Heidel- oder Brombeeren oder halbierte, entkernte Weintrauben verwenden.

Interessant für Sie:
Die schwäbischen Hausfrauen sind bekannt für ihre hervorragende Backkunst. Das Herstellen von Kuchen und „Gutsle" (Kleingebäck) will jedoch gelernt sein. Diese typische Spezialität ist allerdings einfach nachzumachen. „Träuble" sind im Schwäbischen die beliebten Johannisbeeren, die ihre Bezeichnung vom Johannistag erhalten haben – dem Tag im Juni, an dem die köstlichen und nahrhaften Früchte in der Regel reif werden.

Käsekuchen mit Aprikosen

<u>Teig:</u>

350 g Mehl
2 TL Backpulver
80 g Zucker, 1 Ei
1 Prise Salz
170 g Butter oder Margarine

<u>Belag:</u>

50 g gem. Haselnüsse
1 große Dose Aprikosen (450ml)

<u>Käsemasse:</u>

70 g Butter oder Margarine
200 g Zucker
3 Eier
abger. Schale 1 unbehandelten Zitrone
2 EL Zitronensaft
70 g Mehl
750 g Quark, 20% Fettgehalt
etwas Milch z. Bestreichen

● Alle Zutaten für den Mürbeteigboden mit dem Elektroquirl verkneten und mindestens 30 Minuten lang kühl stellen.

● 2/3 des Teiges auf dem Boden einer leicht gefetteten Springform (Ø 28 cm) ausrollen. Den restlichen Teig zu einer Rolle formen, an den Rand der Backform legen und mit den Händen 2-3 cm am Formenrand hochdrücken. Den Teigboden mit einer Gabel mehrfach einstechen.

● Die gemahlenen Haselnüsse darauf verteilen und die gut abgetropften Aprikosen auflegen.

● Für die Käsemasse alle Zutaten verrühren, dabei aus Fett, Zucker und Eiern zunächst eine sehr cremige Masse herstellen. Über die Aprikosen in die Form füllen, glattstreichen und mit Milch bepinseln.

● Bei 170-190 °C in 70-80 Minuten backen. Nach Ablauf der Zeit den Kuchen noch ca. 20 Minuten im abgeschalteten Backofen zum Ausdampfen stehen lassen.

Schwaben - ein Weinland

Der typische Schwabe hält sich in der Regel an das, was im eigenen „Ländle" wächst und gedeiht. Das zeigt sich auch beim Wein. Die vielen, geschmackvollen Sorten gehören zu den besten in Deutschland, wenngleich sie andernorts nur schwer erhältlich sind. Zum Feierabend gibt es nichts Schöneres, als ein „Viertele" Rot - oder Weißwein aus dem typischen Henkelglas zu „schlotzen". Neben dem fruchtigen Trollinger oder dem eher herben Lemberger ist auch der würzige Kerner überaus beliebt, der unter Kennern als besonders edler Tropfen geschätzt wird. Schwäbische Weine sind in der Regel trocken und weisen einen leicht „erdigen" Geschmack auf. Die Anbaugebiete liegen beispielsweise im Neckartal, aber auch rund um Stuttgart. Die Weinbauern nennt man im Schwäbischen „Wengerter" (Weingärtner), die in mühevoller

Arbeit die Rebstöcke an den oft steilen Hängen pflegen und im Herbst den köstlichen Wein keltern. Eine Besonderheit im „Ländle" ist, daß sie ein- bis zweimal im Jahr einen Besen vor ihre Tür hängen, um anzuzeigen, daß hier die „Besenwirtschaft" geöffnet hat. Jeder Weinbauer hat – für maximal 4 Monate im Jahr – das Recht in seinem Keller oder einem anderen geeigneten Raum seinen eigenen Wein auszuschenken. Dabei darf er höchstens 40 Plätze bereitstellen und zum Wein nur einfache Speisen wie frische Laugenbrezeln, schmackhafte Würste, Schmalzbrote oder den landesweit beliebten Zwiebelkuchen anbieten. Diese Tradition hat sich über Jahrhunderte hinweg bis in die heutige Zeit erhalten.

Zu den Rezepten:
Die Temperaturangaben sind Richtwerte, die je nach Herdtyp abweichen können. Möchten Sie das jeweilige Rezept mit Heißluft zubereiten, so stellen Sie ca. 20° C niedriger ein. Die Backzeiten bleiben in der Regel gleich. Bitte vergleichen Sie die Temperaturangaben vorab mit denjenigen in der Gebrauchsanweisung Ihres Herdes und stellen Sie ggf. etwas höher oder niedriger ein.

Zum Gebrauch des Buches:
Bitte beachten Sie folgende Abkürzungen bei den Rezepten:

EL	Eßlöffel
TL	Teelöffel
Msp	Messerspitze
g	Gramm
kg	Kilogramm
l	Liter
cl	Zentiliter
geh.	gehäuft
gem.	gemahlen
ger.	gerieben
gestr.	gestrichen
Pa	Päckchen

Bildnachweis:
Fotostudio Sattelberger, Füssen: Titel, 8/9, 14, 32/33, 52/53, 57, 65
LFV, Württemberg: 2
CMA/Bonn, Bad-Godesberg: 41, 60/61, 69
Oberösterr. Kraftwerke AG, Linz: Rücktitel, 5
Gusto, Wien: 62
Robert Bosch Hausger. GmbH, München: 7, 75
Studio L'Eveque, H. Bischof, München: 34, 67, 72
Fotostudio Teubner, Füssen: 1, 23, 24, 39, 42, 44/45
INK/Silit, Frankfurt: 30/31
Langnese-Iglo GmbH, Hamburg: 19
Maggi GmbH, Frankfurt: 16
Deutsche Teigwareninstitut/Ketchum PR, München: 47
Deutscher Käse/Ketchum PR, München: 12
Thomy/Ketchum PR, München: 48

Autorin und Verlag danken den oben genannten Unternehmen für die umfangreiche und freundliche Bereitstellung des Bildmaterials.

Lektorat: Ursula Calis, München
Design & Produktion: Verlagsbüro Fritz Petermüller, Siegsdorf
Satz: Seiwald, Grassau
Lithos: Fotolitho Veneta, Verona

Fax 0043(0)512/265561-8
Verlagsnummer: 1714
ISBN 3-85491-837-2